인생이
짙음을
보았다

김동찬 수필집

인생이
짙음을
보았다

한강

｜서문｜

최 광 호 ｜(사)한국문화예술연대 이사장｜

  수필은 허구에 의존하는 문학 장르가 아니기 때문에 독자들에게 더욱 감동을 느끼게 한다. 그렇다고 수필은 단순한 사건의 사실을 전달하는 글은 아니다. 수필은 다양한 소재를 통해 세상과 인생에 대한 깊은 인식과 성찰이 요구되며 따라서 쉬이 쓰이는 글은 아니다.
  수필에 있어 세상의 사물을 바라보고 읽는 시선과 그것을 육화하여 언어로 표현하는 방식은 인간과 삶에 대한 깊은 성찰에서 우러나오는 것이다. 이런 수필은 나를 통해 세상을 말하는 통로이고 삶을 보는 프리즘이다.
  지금 우리들 주변에는 인간의 삶을 위태롭게 하고 삶 자체를 불행하게 하는 요소들이 허다하다. 이런 시대에 수필가란 삶과 인간 존재에 대해 고뇌하는 사람이며 그 고뇌가 수필에 진실하게 각인될 때 공감의 깊은 울림을 획득할 수 있다.
  이번에 상재하는 김동찬 수필가의 두 번째 수필집 『인생이 짙음을 보았다』엔 수필가의 근면 성실하게 살아온 인생 역정과 더불어 시대를 바라보는 첨예한 직관과 사유의 필치가 한층 무르익어 있음을 볼 수 있다.

 가을 산은 그야말로 꽃 잔치다. 우리나라는 소나무가 많다 보니 기본적인 산색은 사시사철 녹색이다. 그 사이를 비집고 다양한 나무들이 공생하고 있다. 가을의 산은 붉다. 단풍나무를 비롯해 노랑 빨강의 잎이 산을 장악한다. 하지만 나는 갈대도 좋다. 흙색을 띤 갈대가 바람에 따라 움직이는 모습을 보면 인생을 어떻게 살아야 하는지 돌아보게 만든다.(중략)
 우리 인생도 산색처럼 늘 변한다. 매일매일 같은 것은 없다. 그래서 인간은 늘 노력하고 성실하게 하루하루를 보내야 하는 존재인지도 모른다.
―〈산색, 바다색〉 일부

 가을 산은 꽃잔치다. 단풍나무를 비롯해 노랑 빨강의 잎이 산을 장악한다. 흙색을 띤 갈대가 바람에 따라 움직이는 모습을 보면 인생을 어떻게 살아야 하는지 돌아보게 한다. 신비스러운 자연현상은 우주의 섭리와 맞닿아 있다. 이는 인생의 순리이기도 하다.
 김동찬 수필가의 수필은 이처럼 우리들이 살아가고 있는 세상과 인생에 대해 폭넓게 인식을 하고 사유할 수 있게 한다.
 M. 아놀드는 오늘의 인간 사회는 그 가치 기준이 높아졌지만 인생이 무엇이며, 무엇을 해야 하는가에 대한 명확한 해답을 주지 못하고 있다고 말하고 있다. 이러한 문제에 대해 김동찬 수필가는 수필을 통해 인생의 올바른 방향을 찾고자 한다.

의사는 사람의 몸을 고치지만, 의사 역시 사회에서 생활하려면 많은 사람들의 도움을 받아야 한다. 나는 높고, 저 이는 낮은 그런 직업은 없다는 말이다. 역으로 내가 고수익의 내 직업을 지키기 위해 다른 사람들의 진입을 막는 일은 그야말로 '독선적'이다. 학업 성적이 1% 안에 들어야 가능한 현 의대 입학 자격을 2% 대로 낮추면 의학 수준이 부실해진다는 논리야말로 잘못된 직업관이 우선돼 있다.
―〈국민을 피로하게 만드는 의사 파업〉일부

의사는 공익을 위한 직업이다. 공익을 저버리고 의사가 개인 중심적인 이익을 추구한다면 결국 자신도 피해를 당하게 될 수밖에 없을 것이다.

김동찬 수필가는 여러 편의 수필에서 사회의 부조리와 모순에 대한 비판적 사유를 통해 해결책을 모색하고자 한다. 이러한 글쓰기는 사회 현실과 인간 삶에 대한 애정적 접근 방식을 기저에 두고 있음을 알 수 있다. 이는 수필가의 지성적 수필 쓰기의 좋은 모범을 보여준다. 바로 김동찬 수필가에게 있어 수필을 쓰는 행위는 좁게는 내가 나로서 가장 참삶을 사는 길을 찾는 행위이며 넓게는 인간 삶이 올바르게 나아가야 할 지침과도 같다.

충청도 산골에서 자녀들을 키우는데 한평생을 바친 어머니의 지극한 사랑이 없었다면 지금의 내가 있었을까. 그런데 나는 정작 노약한 어머니를 위해 무엇을 할 수 있을까.

"어머니는/ 우리 육 형제 기르기 위해/ 새벽밥 짓고 아직 아침 닭 울기 전에 텃밭 일에/ 낮이면 험한 산길 누비며 꼴 베다가∥ 그러다 몸에 겨우면/ 일 년에 한두 번 앓아누웠다.(중략)

거북이 등껍질보다 단단해진 손 한번/ 어루만지지 못하던 무정해 보이던 아버지 돌아가시고/ 유품을 정리하다 일기를 찾았다./ 낱장마다 짧은 메모에는/ 어머니에 대한 짙은 사랑과/ 미안함이 배어 있었다.// 혼자 남은 삶을/ 다시 자식을 위해 살아오신/ 그 어머니,"(졸시〈사랑〉)
―〈어머님 단상〉 일부

아리스토텔레스는 "시가 말하는 것은 보편적인 성격을 띠고 있다"라고 했다. 이 말에 견주지 않더라도 김동찬 수필가의 수필〈어머님 단상〉말미에 붙인〈사랑〉이라는 시는 삶의 보편적 가치를 한층 돋보이게 한다. 시〈사랑〉을 읽다 보면 시는 마음 깊은 곳에서 솟아 나오는 것이지 쓰는 게 아니라는 것을 다시 한 번 깨닫는다. 한 편이 시가 수필의 깊이를 한층 더하고 있다.

김동찬 수필가에 있어 어머니와 고향 그리고 유년의 기억은 문학적 심층을 가로지르는 하나의 토대로 작용하고 있다. 가난한 삶 속에서 스스로를 올곧게 지탱할 수 있게 만드는 하나의 상징체가 바로 어머니와 고향이다. 수필가가 수필을 통해 내보이는 정서적 감응은 메마른 현대인의 감성을 위무하기에 부족함이 없어 보인다.

김동찬 수필가의 수필집 『인생이 짙음을 보았다』는 세상과 결부된 인생의 폭넓은 깊이를 바탕으로 하여 심도 있게 쓰여졌다. 그런 인생의 깊이는 수필의 탄탄한 구성과 뛰어난 문장력을 통해 독자에게 선명하게 전달되고 있으며 그 공감의 울림은 긴 공명으로 남기에 서문 몇 자 보태어 적는다.

2024년 10월에

|작가의 말|

두 번째 수필집을 펴내며

첩첩산골 단양의 시골 마을에서, 맑디맑은 남한강과 누가 더 깎아지듯 높은지 경쟁하는 소백산과 월악산 사이에서 뛰어놀고 자란 까까머리 소년이 어느새 65세 노년이 됐다.

유년에 고향에서 받은 아름다운 감성들을 너무나 잘 누리며 살아간다고 생각하니 늘 고마울 따름이다. 삶의 연륜이 쌓이고 나니 그때 받았던 때 묻지 않은 이상과 영혼의 가치를 인정하게 된다.

제2의 고향이 된 포항에서 나고 자란 아들딸은 저마다 자리를 잡고 손주, 외손주 안겨 주며 가정을 꾸렸다.

얼마 전, 모친께서 소풍길 다하시고 92세 나이로 대전국립묘지 아버지 곁으로 가셨다. 인간은 누구나 죽음을 피할 수 없고, 흙으로 돌아가는 것은 자명한 일이다. 회자정리가 자연의 섭리이고 이치임을 몰랐던 바는 아니지만, 슬퍼하는 나와 우리 가족, 형제자매들을 뒤로하며 유택으로 향하는 님의 마지막 영상, 한 줌의 흙으로 돌아가신 사랑하는 어머니! 이제 그 모든 고통과 고단한 육신 접으시고 부디 좋은 세상에서 편히 쉬십시오.

옆에는 올해로 환갑을 맞는 내자가 함께하고 있다. 같이 나이 들어간다는 것이 이런 것일까.

누구보다 더 든든한 정말 좋은 반려자가 한결같은 모습으로 옆에 있는 것은 감사하다.

꿈을 물어보며, 삶의 방향을 가르쳐 주신 선생님들의 고마움을 늘 지니고는 있는데 찾아뵙지도, 편지 한 장 쓰지도 못하고 살았다.

아름다운 사람들과 좋은 만남, 좋은 추억들을 소중하게 기억하면서 오랜 기간 같이한 직장 동료들이 있어 지금의 내가 있다는 고마움도 늘 마음에 담고 산다.

철없던 푸른 시절, 아무 연고도 없던 포스코에 첫발을 내디딜 때가 엊그제 같은데, 벌써 39년 세월이 훌쩍 지나가 울긋불긋해지는 단풍처럼 이제는 그런 나이를 바라보고 있다. 나의 청춘을 불사르며 회사와 가정을 위해 일했던 직장 생활을 얼마 후면 마무리한다. 나의 집보다도 나의 가족보다도 더 많이 생활했던 이곳을 막상 떠나려 하니 만감이 교차한다.

올해로 직장에서 보낸 세월을 정리하고, 인생 2막의 작은 사업을 준비하고 있다. 그에 앞서 고마웠던 사람들에게 나의 작은 기록을 전하고 싶어 두 번째 수필집을 낸다.

인연을 맺어 주신 모든 분께 감사드린다.

2024년 10월 어느 가을날
김동찬(규돈) 두 손 모음

차례

□ 서문_최광호
□ 작가의 말

제 1부 나의 길은

엄마의 코바늘 _____ 17
어머님 단상 _____ 21
산색, 바다색 _____ 26
뛰며 생각하며 _____ 30
지금도 나의 길은 진행 중이다 _____ 36
평생 직장을 떠날 즈음 _____ 42
아들의 결혼식 _____ 46
고마운 선생님 _____ 51
회갑을 맞는 아내에게 _____ 57

제2부 하심하며 살자

고맙습니다, 미안합니다 ____63

참을 인 자 세 번이면 살인도 면한다 ____67

정월 대보름은 왜 국가 기념일이 아니지 ____74

암기력보다 인성이 좋은 사람 ____78

젊은 세대를 보며 한마디 ____82

배려의 문화 ____85

제사 ____89

하심하며 살자 ____93

스타 이강인 그리고 스포츠 ____96

차례

제3부 우리 사회를 고민하며

바람직한 장례문화 ____103
국민을 피로하게 만드는 의사 파업 ____107
숫자로 읽어 보는 이상한 세상 ____111
부자만 아이를 낳아야 하나 ____114
비싼 사치품은 명품이 아니다 ____119
남을 먼저 의식하는 메이커 문화 ____123
이혼율 30%의 시대 ____128
직장 정년 연장이 답일까 ____132
'단양천댐 건설'은 영구적 자연 훼손 ____136

차례

제4부 여여한 풍경과 함께

산마을 가을 풍경 ____141
보경사 가는 마음 ____145
여수 향일암을 찾아 ____149
마음을 울린 산사 음악회 ____153
포항 북부해수욕장을 거닐면서 ____156
과메기, 죽도시장, 그리고 포항 사랑 ____160
백두산 여행기 ____164
캄보디아에서 찾은 행복 ____171

차례

제5부 몸을 살리는 음식

세상을 바꾼 소금 ____181
생명을 구한 사찰의 소금 이야기 ____185
몸을 살리는 음식 ____189
소금의 종류와 특징 ____196
소금이 알려 준 사람의 종류 ____200
김치, 발효 식품, 우리 식문화 ____204
코로나 이후 식생활 ____208
소금을 담은 그릇 ____211
내 철학의 꽃씨, 주사와 칼 ____214
요식업, 최고경영자 과정을 마치면서 ____218

나의 길은

제**1**부

엄마의 코바늘

 문득 바짝 긴장된 뇌세포를 느슨하게 마사지를 하고 싶을 때가 있다. 반복되는 생활 속에서 굳어지는 근육, 그리고 기계적으로 돌아가는 습관성 감성에 매몰되었음을 느낄 때다. 철을 다루는 직업상 마음까지 어떤 형태로 고정화되는 것이 아닌가 하는 심경일 때다. 그때마다 비슷한 상황에 있는 동료들과 술을 곁들인 식사로 풀어 가는 경우도 있고, 이런저런 얘기로 공감대를 만들며 풀기도 하지만 가장 편한 것은 잠이다. 그리고 또 한 가지는 '기억의 주머니 뒤지기'다. 내게 편안함을 주는 기억을 꺼내다 보면 저절로 긴장되었던 뇌세포가 느슨해지면서 편안함을 느끼곤 한다.
 길에서 우연히 만난 친구와 근처 작은 카페에 들어갔는데 앉고 보니 원형 테이블에 손뜨개 레이스로 만든 테이블보가 깔려 있었다. 카페 이름도 모르고 들어왔건만 정갈함이 느껴졌다. 작은 창가 위도 직접 만든 레이스가 장식되어 있었고, 꽃병 받침도 레이스 작품이었다. 테이블은 다섯 개 정도 되는데 테이블마다 레이스 테이블보가 깔려 있었다. 그 순간 마치 유럽 어느 오래된 골목의 작은 찻집에 들어와 있는 듯 편안하고 아늑함이 느껴졌다. 그런 분위기에 맞게 주문한 커피도 꽃무늬가 그려진 유럽풍 도자기에 담겨 나왔다. 그리고 손님이 없는 탓인지 커피를 갖다 준 여주인은 구석의 작은 테이블이 있는 의자에 앉더니 손뜨개질을 하고 있었다. 레이스들이 그 중년의 여주인의 솜씨였음을 짐작할 수 있었다.

  나의 사춘기 시절, 늦게 들어와도 엄마는 크게 걱정하지 않는 듯 나를 쳐다보지도 않고 느긋한 목소리로 "밥 먹었니?" 물으셨다. 그것이 잘 들어왔니, 혹은 이제 집에 왔구나 하는 엄마식 인사였다. 엄마는 늘 손뜨개질을 하셨고, 우리 집은 탁자뿐 아니라 식탁과 엄마가 사용하시던 화장대, 신발장 위, 심지어는 전축 위와 전화기 받침대, 전기밥솥 손잡이까지 손뜨개로 만든 것들이 있었다.

  엄마는 아버지가 출장이 잦아지자 뜨개질을 시작하셨다. 시장에서 쇠로 된 길로 가느다란 코바늘을 사오시던 날 코 잡는 걸 배우고 오겠다고 나가시더니 늦은 저녁에야 오셨다. 자식 배고픈 것을 가장 걱정하며 끼니를 제때 챙겨 주시던 분이 식사 시간이 지나도록 오지 않았을 때 좀 의아했다. 더욱 놀란 것은 현관문을 열고 들어오시는 모습에서 자식 끼니 걱정을 안 하신 듯 밝은 표정을 보았기 때문이다. 평소 좀 우울한 표정이 많아서 사춘기던 내가 엄마를 볼 때마다 짜증을 내곤 했는데 그날만큼은 엄마의 모습이 낯설 만큼 밝아서 배고픈데 왜 늦게 왔냐고 짜증도 낼 수 없었다. 설거지가 끝나자 평소 텔레비전을 보시던 분이 그날은 작은 실 뭉텅이를 바구니에 담아 내더니 손가락에 실을 한 가닥 걸고 젓가락보다는 좀 짧은 쇠바늘로 이리저리 돌리는 게 보였다. 그러자 실이 사슬처럼 연결되어 얇고 길게 나왔다. 어린 시절 엄마가 대바늘 두 개로 목도리를 뜨는 걸 본 적은 있지만 아주 작은 쇠고리 같은 바늘 하나로 실을 엮는 것은 처음 본 것이라 신기했다. 하지만 더 관심은 없었다. 나중에야 그것이 코 잡는 걸 배워 온다고 하시며 나가서 이웃이 쓰던 헌 실을 얻어 와 겉뜨기 안뜨기를 연습하시는 것이었음을 알았다.

아침에 학교에 가려고 보니 탁자에 있던 꽃병에 받침이 받쳐 있었다. 엄마는 밤새 연습하신 후 결국 꽃병 받침 하나를 만들어 내셨던 것이다. 마치 아기 하나 낳으신 듯 흐뭇해하시는 모습에 엄마에게 저런 귀여운 면이 있었나 하는 생각을 했었다.

그날 이후 엄마는 코바늘이라는 작은 바늘 하나를 갖고 하얀 실을 손가락에 끼고 뭔가를 열심히 만들어 내셨다. 이웃집 새댁이 아기를 낳았다고 하면 그 아기가 사용할 턱받이에 레이스를 달아 만들어 줬고, 결혼한다는 친척이나 집들이 갈 일이 생기면 테이블보나 쿠션을 만들어 선물했다.

가끔 엄마에게 코바늘뜨기를 가르쳐 달라고 오는 사람들이 있었다. 엄마는 작은 꽃무늬 조각을 하나 만드는 것을 가르치고, 나중에 조각을 많이 만들어 오면 그것을 서로 이어서 작품이 되도록 했다. 아버지의 장기 출장에 우울해하시던 엄마의 모습은 완전히 사라졌고, 사춘기 아들의 짜증도 오히려 별일 아닌 듯 웃으며 넘기는 여유로움까지 생기셨다. 오히려 우리보다 엄마가 더 바빠지셨던 시기가 아니었나 싶다.

나는 탁자 위 작은 소쿠리에 담겨 있는 실과 코바늘을 아무리 들여다봐도 그 바늘이 어떻게 저런 레이스들을 만들까 궁금하면서도 신기했다. 한밤중 오줌이 마려워 나와 보면 그때까지도 엄마는 넓게 만든 레이스를 마무리하고 계셨다. 장기 출장을 다녀온 아버지는 집에

올 때마다 바뀌는 집안 분위기에 얼떨떨해하셨고, 우리 부자는 오히려 엄마의 변화에 차츰 말과 행동까지 조심하게 되었다. 투덜대고 짜증내며 대했던 말투로 엄마를 대할 수 없을 만큼 엄마의 코바늘은 집안 분위기를 바꾸었던 것이다.

내 기억의 주머니에 들어 있는 엄마의 코바늘은 '마음을 바꾼 마법의 쇠'다. 내가 철을 만드는 회사에서 일하면서도 '쇠'가 대단히 무겁고 사람의 힘으로는 다루기 버거운 물질을 다루는 것이란 생각을 하지 않았던 것은 엄마의 코바늘이 엄마의 우울한 마음을 밝게 만들고 그 마음이 집안 분위기를 변화시킨 것을 경험하였기 때문이라고 할 수 있다.

작은 철금속이 예술품을 만드는 도구가 되고, 그 예술품이 생활 속으로 들어와 있을 때 가족들에게 주는 정서적 안정감은 삶의 새로운 에너지가 된다. 기억의 주머니에서 꺼낸 엄마의 코바늘은 살면서 '아름다움'이란 이렇게 유용한 정서의 예술적 생활화를 통해 더욱 빛나고 향기로워지는 것에서 비롯되는 것임을 생각하게 한다.

어머님 단상

치매 증세가 있는 한 아버지가 아들에게 물었다. "아들아, 오늘이 며칠이지?" "네, 10월 3일이에요." 그리고 잠시 후 다시 아버지가 아들에게 물었다. "오늘이 며칠이랬지?" "10월 3일이요." 약간의 시간이 흐르고 다시 아버지가 아들에게 날짜를 물었다. 그러자 아들은 약간 짜증스러운 말투로 날짜를 대답했다.

그리고 아들은 어머니께 "아버지가 자꾸 같은 말을 반복한다."라고 투덜댔다. 그러자 어머니가 일렀다. "너도 어릴 때는 열 번도 넘게 같은 것을 물었단다. 그때마다 아버지는 같은 대답을 사랑스럽게 해 주셨지."

대화를 읽으면서 코끝이 시큰해진다. 우리는 얼마나 부모님께 효를 실천하면서 살고 있는 것일까. 드라마를 보면 가관이 아니다. 못된 며느리에 당하고 사는 시어머니가 종종 드라마의 소재로 오른다. 시어머니에게 고함을 지르고, 함부로 대하는 모습을 공영방송에서 아무 거리낌 없이 송출하지만 그러려니 하고 드라마를 보는 것이 우리들의 모습은 아닐까.

과거 우리 할아버지, 할머니 세대는 대부분이 배우지 못했다. 먹고사는 것에 힘겨워해야 했고, 병이라도 걸리지 않을까 전전긍긍하며 하루하루를 보냈다. 대부분의 집에서 자식을 8명 낳으면 두셋은 성장하기도 전에 저승으로 떠나보내야 했다.

그다음 세대인 어머니, 아버지들은 배우지 못했거나, 고등학교 대학교를 졸업해 사회 지도층으로 성장했거나 둘 중 하나를 겪었다. 즉 교육의 양극화를 겪은 세대다. 못 배운 사람은 몸으로 노동을 하며 가족을 길렀고, 배운 사람들은 그들만의 리그를 만들면서 부를 축척했다. 시대의 흐름을 읽을 수 있는 눈은 대부분 배운 사람만이 가졌다.

그런 분위기에서 지금의 청장년층이 성장했다. 가진 부모들은 고액 과외를 통해 자식들을 좋은 대학에 보내기 위해 쏟아부었고, 배우지 못한 부모들은 자식들을 통해 배우지 못한 한을 풀려고 안간힘을 썼다. 고액 과외를 하다가 경찰에 적발되는 기사들이 197~80년대 사회면을 종종 장식했다. 또 어려운 환경에서 명문대학에 진학한 학생들의 기사가 연말이면 지면에 등장하곤 했다. 어느 경우나 마찬가지로 부모님은 우리 세대를 위해 희생과 고통을 감수하신 분들이시다.

한 번은 한 스님을 친견한 자리에서 '효를 어떻게 실천할 것인가'를 물었다. "부모님의 은혜는 나아서 길러 주고, 결혼을 해 독립하도록 해 주신 은혜다. 그리고 돌아가시는 순간까지도 끝까지 걱정해 주신 은혜가 제일 크다"며 "그분들이 자식을 키우기 위해 얼마나 많은 업을 지어야 했나. 돌아가신 다음에도 그분들을 위해 기도하고 은덕을 널리 베풀어서 극락에 이르도록 하는 것이 효다"는 답을 주셨다.

자식을 생각해 직장을 몇 번이나 그만둘까 망설이다가도, 고개를

숙이고 출근을 해야 했던 아버지. 생선 한토막 더 얻으려고 흥정을 하고, 한 푼이라도 더 벌려고 악착같이 살아야 했던 어머니. 우리는 정작 그 부모들에게 어떤 평가를 내리고 있는가. 정치적으로 보수라고 치부하며 집단적 매도를 하고 있는 것은 아닌가. 그들을 사회적 어른으로 제대로 대접은 하고 있는가. 집에서조차 독립된 각자의 생활을 주장하며 모시기를 거부하는 세태가 만연한 시대다.

가정에서는 이미 효의 가치가 무너져 버린 지 오래다. 명절이나 집안 행사가 있을 때서야 부모를 찾는 사람들도 적지 않다. 그렇다고 사회적 효의 가치를 잃어버려서는 안 된다. 사회적으로라도 효사상을 지켜내야, 가정에서 효 사상을 부활시킬 수 있는 기회가 있다.

우리는 아래 세대에 대해 이해되지 않는 행동, 이기적인 행동을 지적한다. 마찬가지로 나이 든 세대는 우리들의 행동과 사고를 이해하는데 한계가 있다. 다른 환경에서, 다른 가치관으로 살았던 분들이 그 행동양식을 바꾼다는 것은 어려운 일이다. 지금 사회를 이끌고 있는 우리 세대가 위 세대를 이해하는 분위기를 확산시켜야 한다. 그것이 아래 세대로 전해질 때 효의 가치가 이어질 것이다.

부모님께 자주 연락하고, 시부모, 처갓집이라는 사고에서 벗어나 우리의 가정을 있게 해준 고마우신 분이라는 생각으로 살아야 한다. 머리만으로 하는 생각이 아니라 마음으로 실천하는 사람들이 하나, 둘 늘어날 때 우리 사회가 진정한 행복으로 한 발씩 다가서는 것이리라.

어머니가 고령으로 잘 움직이지 못하시더니 얼마 전에는 암이라는 병까지 얻으셨다. 하루하루 힘들 텐데, 자식들만 보면 웃음을 짓는 모습을 볼 때마다 마음이 아프다. 내가 대신 아플 수 없을까 하는 생각도 든다.

충청도 산골에서 자녀들을 키우는데 한평생을 바친 어머니의 지극한 사랑이 없었다면 지금의 내가 있었을까. 그런데 나는 정작 노약한 어머니를 위해 무엇을 할 수 있을까. 그저 부족한 시 한 편 바친다.

어머니는
우리 육 형제 기르기 위해
새벽밥 짓고 아직 아침 닭 울기 전에 텃밭 일에
낮이면 험한 산길 누비며 꼴 베다가

그러다 몸에 겨우면
일 년에 한두 번 앓아누웠다.
작은 가게라도
얻을 꿈으로
밤이면 포장마차도 열었다.

삼촌이 장가가고, 이모가 시집갈 때마다
장롱 아래 감췄던 뭉텅이 돈을
끄집어내야 했다.

거북이 등껍질보다 단단해진 손 한번
어루만지지 못하던 무정해 보이던 아버지 돌아가시고
유품을 정리하다 일기를 찾았다.
낱장마다 짧은 메모에는
어머니에 대한 짙은 사랑과
미안함이 배어 있었다.

혼자 남은 삶을
다시 자식을 위해 살아오신
그 어머니,

지금은 손주를 주머니에 넣고 산다.

—졸시 〈사랑〉

산색, 바다색

　나의 고향은 사방이 산으로 둘러싸인 곳이다. 어디를 봐도 산이다. 어릴 때는 국토의 70%가 산이라고 해서 우리나라 곳곳이 그런 줄 알았다. 아무튼 어릴 때 본 산은 뾰족의 삼각이 첩첩이 이어진 거대한 모습이었다. 여름이면 초록이다가 겨울이면 하얀 눈이 쌓여 있는, 모두가 같은 모습의 산이었다.

　나이가 들면서 산도 매일 변한다는 것을 깨닫는다. 이른바 산색山色이 매일매일 다르다. 모든 만물은 항상 변화하며 늘 전과 같지 않다고 했던가. 산도 그렇다.

　겨울에 정지된 화면처럼 멈춰 있던 산은 봄이 되면 하루가 다르게 색이 바뀐다. 연한 초록의 산으로 봄비가 내리고 나면 한순간에 산은 여리디여린 순을 틔우며 수채화 같은 모습을 드러낸다. 이때는 웬만한 나뭇잎은 따서 먹어도 될 성싶을 정도다. 우리의 봄을 가장 먼저 반기는 색은 노랑이다. 개나리가 노란 꽃을 피우다가 샛노랗게 채색될 무렵, 진달래 연분홍색이 그 자리를 대신한다. 개나리가 불과 2주일 정도 꽃을 피우는데, 진달래가 그 사이를 겹치면서 산을 채색한다.

어느새 녹음이 짙어지면서 산은 또 다른 색으로 변한다. 연한 초록색이 짙어질 무렵 하얀 꽃이 산 곳곳에서 피어난다. 요즘은 봄이면 벚꽃 구경을 가는 사람들이 많다. 지방 자치 단체에서도 곳곳에 벚꽃 길을 조성하기도 한다. 하지만 예전의 산은 자연적으로 한두 그루 자란 벚나무에서 피어나는 꽃이라 더욱 눈에 띄었다. 멀리서 바라봐도 도드라진 하얀 빛깔을 벚꽃은 마치 그곳에만 눈이 내린 듯한 착각을 준다. 아카시아꽃도 산색을 꾸민다. 역시 하얀 꽃이다 보니 녹색 가운데서 도드라지게 보인다. 예전에는 아카시아꽃을 간식으로 먹었는데….

여름 산은 짙푸르다. 마치 고랑을 따라 풀을 베고 돌아서면 다시 잡초가 자란다는 말처럼, 강한 햇볕을 받으면서 산은 하루하루가 다르게 자란다. 많은 나뭇잎이 더 짙어지면서 그 그늘 아래에 서면 청량한 산소를 가득 뿜어 낸다. 같은 곳을 매일 보고 있자면, 때로는 빗물이 일으킨 물안개가 깔리기도 하고, 때로는 뜨거운 태양이 태워 버릴 것 같은 기세로 나뭇잎에 쏟아지는 모습도 볼 수 있다. 하지만 나무는 타지 않고 더 푸르러진다.

가을 산은 그야말로 꽃 잔치다. 우리나라는 소나무가 많다 보니 기본적인 산색은 사시사철 녹색이다. 그 사이를 비집고 다양한 나무들이 공생하고 있다. 가을의 산은 붉다. 단풍나무를 비롯해 노랑 빨강의 잎이 산을 장악한다. 하지만 나는 갈대도 좋다. 흙색을 띤 갈대가 바람에 따라 움직이는 모습을 보면 인생을 어떻게 살아야 하는지 돌아보게 만든다.

가을의 산색은 수십 번 변화한다. 매일매일 봐도 어제와 다른 모습으로 다가온다. 그래서 산에 사는 사람들이 수십 년 같은 곳에 머물지만 지루하지 않은가 보다. 어쩌면 가장 변화가 크고 신비로운 곳이 바로 산이 아닐까 싶다.

태어나면서부터 청소년기까지를 산에서 보내고 바닷가 포항에서 더 오랜 세월을 살고 있다. 특히 포스코는 마치 바다 위에 떠 있는 듯한 형상이다 보니 자연스럽게 매일 바다를 접하면서 살고 있다. 우리가 아는 바다는 깊고 짙은 동해, 뻘이 넓어 흙과 모래가 많이 스며들어 있는 서해, 그리고 다양한 자원이 많은 남해로 구분한다. 하지만 같은 바다라도 계절에 따라, 온도에 따라 색이 다르다. 물고기들이 조류를 따라 돌아다니듯, 물도 조류에 따라 색이 변화한다.

봄이 되면 바다도 깨어난다. 겨우내 들어오고 나가기만 하던 바닷물 깊은 곳에서부터 생명이 움직이다 보니 바다색도 윤기가 흐르기 시작한다. 뭐랄까. 짙푸르렀던 바다가 파란색으로 바뀌는 느낌이다. 바다는 여름이 가장 아름답다. 태양빛이 가까울수록 물이 반사하는 빛이 더 아름답다. 그래서 적도에 가까운 나라들에 유명한 관광지들이 몰려 있는 것은 아닐까.

바다는 많은 생명의 안식처이기도 하다. 그래서인가, 물은 때로 플랑크톤 등 여러 군집의 영향을 받기도 한다. 그때마다 색이 조금씩 바뀌는데, 그 변화를 보고 있자면 자연의 신비가 놀랍니다.

산색도 좋고 바다색도 좋다. 해인사에 모신 팔만대장경 판전을 만들기 위해 목수가 일 년 동안 아무런 일도 안 하고 자연을 즐겼다는 어느 소설의 이야기가 생각난다. 봄 여름 가을 겨울, 1년을 주기로 변화하는 자연을 읽고 나서 그에 맞는 건물을 짓기 위한 것이었단다. 자연은 그렇다. 산이, 바다가 늘 그대로인 것 같지만, 늘 그대로이지 않다. 또 자연의 변화를 어떻게 아는지 그 시기가 되면 같은 꽃이 피어나고, 잎이 짙어지고 가지가 자라난다. 물의 흐름도 변화해 다른 생명체가 서식하다가 자리를 옮기곤 한다.

  새벽, 막 떠오르기 시작하는 태양에 물든 포항 바닷가를 보면서 인생을 한번 생각해 본다. 매일 같은 시간 일어나서 일을 하고 움직이는 것 같지만, 우리 인생도 산색처럼 늘 변한다. 매일매일 같은 것은 없다. 그래서 인간은 늘 노력하고 성실하게 하루하루를 보내야 하는 존재인지도 모른다.

뛰며 생각하며

　초등학교와 중학교 때는 평균 잡아 십 리 길을 걸어서 다녔다. 소풍도 걸어서 다녔고, 땔감을 구하기 위해 산길을 헤맬 때도 모든 것이 두 다리로 걸어야 가능했다. 봄이면 등굣길 신작로 양옆으로 담임 선생님과 반 아이들이 재잘거리며 고사리손으로 코스모스를 심는다. 파랗게 자라나 꽃을 피워 놓으면 때마침 중앙선 열차가 지나갈 때에 아이들은 삼삼오오 모여 열차 안 사람들에게 손을 흔들었다. 대부분은 웃으며 손을 흔들어 주어 아이들을 기쁘게 했던 하늘하늘 꽃길이 생각난다.
　학교를 마치고 집으로 돌아오는 하굣길은 배고픈 길이다. 밀밭이나 보리밭 길을 걷다가 아직도 덜 자란 무를 뽑아 한입 쑥 베어 물면 맵기에 보이지 않게 멀리 던져 버리고 만다. 이어서 까칠한 밀 털과 껍질을 비벼 내고 연두색 밀알을 씹어 보면 풋 맛처럼 쌉싸름하다가도 이내 달착지근한 뽀얀 물이 입안 가득 고인다. 곧 배고픔이 조금

가시고 밀 건더기를 더 꼭꼭 씹다 보면 쫄깃해진 밀껌이 만들어진다. 부러 짝짝 소리 나게 씹어 가며 들판을 지날 때는 땅개비(방아깨비)며 개구리를 잡아 구워 먹기도 하는 개궂은 길이기도 했다. 까만 쇠똥구리를 잡느라 땀 흘리던 하굣길 뜨거운 태양 볕 아래서도 아이들에겐 즐겁고 신나는 놀이터 같은 길이었다.

더운 여름날 땀범벅이 되면 또 몇몇씩 큰 냇가에 뛰어든다. 햇빛에 뜨거워진 큰 돌 위로 땀에 절은 옷을 헹구어 널어놓고 첨벙첨벙 헤엄치며 놀다 나오면 어느새 옷은 뽀송하게 말라 있다. 깨끗이 씻고 개운하게 집으로 돌아가던 너무나 아련하고 정겹던 마을의 구불구불한 골목길은 아직도 눈에 선한 길이다. 더러는 미루나무 가로수길 포장이 안 돼 차가 지나가면 뿌옇게 먼지가 날리거나 비 온 뒤 고인 흙탕물이 튀던 신작로 큰길을 힘든 줄 모르고 달릴 때도 있었다. 중학교 여름 방학 때 용돈을 마련할 요량으로 신문 배달을 할 때는 아예 뛰다시피 해야만이 신문을 다 돌릴 수 있었다.

그때 이미 제법 의젓하게 성큼성큼 뜀박질을 하던 실력은 30대 이후 취미로 시작해 10년간 푹 빠져서 여러 번 완주하며 희열을 느끼던 마라톤이 되어 아마 그때부터 이미 내 마음에 들어왔는지도 모른다. 잠깐 엇나가던 길도 있었다. 고등학교를 갓 졸업하고 겨울 긴 밤에 또래 친구들 몇이 모여 민화투를 치다 심심해지니 얄궂은 친구가 부추겨 급기야 두 패로 갈라 내기 민화투가 시작되었다. 진 팀 세 명은 뭐가 됐던 안줏감이 될 수 있는 귀한 고깃감을 서리해야 해서 난 옆집 토끼를 몰래 서리하기로 맘을 먹었다.

그 전에는 더러 하굣길 배고플 때 길가 무나 고구마, 과일 몇 개 몰래 살짝 따 먹은 때는 있었지만 토끼라는 큰 서리는 처음이라서 심장이 쿵쿵거리기 시작했다. 토끼장 문을 살짝 열고 버둥대는 녀석을 더

들어 움켜쥐고 나오는데 어찌나 다리가 후들거리던지…. 두 친구도 각각 닭 한 마리씩 슬쩍해 와 밤새 맛있게 먹고 마시며 어설픈 객기와 취기에 한껏 들떠 있었다. 어떻게 서리를 했는지 더 보태어 무용담을 뽐내기도 했던 참 치기 어린 시간의 길이었다.

아침이 오자 옆집 아주머니께서 간밤에 토끼가 없어졌다며 이리저리 찾으신다. 혹시 못 봤냐고 물으실 때 비몽사몽하던 정신이 퍼뜩 들고 식은땀이 줄줄 흘렀다. 친구들과의 약속대로 못 봤다며 시침은 뚝 떼었어도 그 죄송스러움에 자꾸 고개는 숙여지고 심장이 쪼그라들었다.

아마 아주머니께서도 아들들을 키워 보셔 아시는지 더 이상 추궁하지 않으셔 무사히 넘어갔지만 그때 너무도 죄송스러웠다. 그 이후 철이 들어 다시는 서리를 하지 않게 되었다. 입영 통지서를 받고 코뚜레에 갓 꿰인 송아지처럼 군대를 갔다. 논산 훈련소에서 철모를 눌러쓰고 군기가 바짝 들어 수없이 뺑이치며 달리기를 했다. 완전 무장한 행군으로 새벽까지 걸을 때 그 고된 시간을 전우애로 뭉쳐 이겨 내었던 길이었다. 젊음의 용기와 혈기로 뛰고 달리던 푸른 제복의 길은 지금 생각하면 멋진 대한 남아의 길이다.

첫 휴가 나와서는 새벽이슬에 옷이 젖는 줄도 모르고 부산 처녀와 밤길을 걷곤 했다. 군복을 입고 말년 휴가였던가? 평소 친형제처럼 지냈던 고등학교 선배가 불현듯 생각나서 적성 상리까지 걸어가 놀다가 온 적이 있다. 지금은 자동차로 30~40분 코스지만 그때는 아침나절에 나와서 밤이 이슥해서야 고향 집 대문을 들어설 수 있었던 아주 먼 길이기도 했다.

군 복무 후 포항이라는 먼 곳까지 와서 직장 생활을 하면서 가정을 이루고 가장이 되는 가장 크고 무거운 책임 있는 길을 가게 되었다.

연일 반복되는 직장 업무에 지쳐 있던 어느 날 동료들과 함께 언양 자수성 동굴과 밀양 얼음골 먼 길 여행을 다녀왔다. 전국은 붉게 물든 단풍이 걷잡을 수 없는 기세로 설악 대청봉에서 시작하여 남하하여 차례로 번지고 있었다. 온 산천은 울긋불긋 제각각의 색깔로 채색하여 한껏 위로를 주는 치유의 길이다. 언양과 밀양으로 가는 길은 마음의 쉼터를 찾아가는 길이기도 하다. 가을의 유희에 어디론가 떠나고 싶어 온 짧은 가을 여정이었지만 단풍 숲길을 발목이 시리도록 걸어 보며 갈무리했던 기억에 남는 아름다운 가을 여행길이었다.

그 이후 여행을 좋아하게 되어 지금도 자주 다니는 편이다. 계절에 관계없이 안정과 위로를 주기에 틈만 나면 자연을 벗 삼게 되었다. 특히 청량한 숲길은 힐링을 주는 길 중에서도 단연 최고의 길이라 생각하기에 늘 마음이 먼저 나서는 길이다. 한때는 달리는 길도 있었다. 아이들이 어느 정도 자라 손이 덜 가게 되면서 퇴근 후 마라톤을 하게 되었기 때문이다. 하프부터 시작해 어느덧 풀코스를 여러 번 완주하며 느끼는 그 희열은 해 보지 않으면 설명이 되지 않는다.

그 긴 길을 달리며 출발 초기의 상쾌함이 조금씩 힘들게 느껴지다가 극한을 지나면 어느 순간 몰입이 되어 기계적으로 달린다. 수양을 하듯 고요한 마음의 경지에 이르다 막바지 극치의 고통을 이겨 내고 이룬 완주의 희열감은 무엇과도 바꿀 수 없는 큰 기쁨이었다. 결국 무릎에 문제가 생기며 접을 수밖에 없었지만 달리는 길은 즐거운 소풍 길이며 명상 길이다.

쉰 살에 접어들면서 체력 건강을 위하여 포항 영일만 시니어 배구 클럽에서 지금까지 운동을 하고 있다. 배구는 공만 있으면 가볍게 할 수 있으면서 역동적이고 파워풀한 경기를 즐길 수 있어 좋다. 비록 이제 막 60대로 접어들었지만, 젊은 친구들 못지않은 열정과 멋진 플

레이로 그동안 쌓은 실력을 유감없이 발휘하면서 더러 우승도 하는 멋진 길을 지금도 배구팀과 함께 가고 있다.

지난 초등학교 친구와 바닷길을 걷기도 했다. 통영 소매물도 섬은 섬 중에 최고라고 누가 얘기했던가? 올망졸망 참으로 아름답고 예쁘다. 눈으로 담고 혀끝으로 느끼며 가슴으로 콩닥콩닥 걷는 바닷길, 하루 즈음 이곳에서 바다와 벗이 되어 찰랑대는 그 이야기에 귀 기울여 주는 것도 좋을 듯싶다.

매일 1~2회 바다 갈라짐이 일어나는데, 드디어 정오가 지나 썰물 때 바닷길이 입을 열기 시작한다. 감춰 두었던 깊은 속을 드러내며 맘씨 좋게 소매물도와 등대섬을 온전하게 이어 주며 어서 구경하라고 열어 주는 바로 바닷길이다. 조수간만의 차가 거의 없는 포항 깊은 바다만 보다 동글동글 몽돌을 따라 두 섬을 걸어서 오갈 수 있는 바다가 마냥 신기하기만 하다. 등대섬까지 걸어서 들어갈 수 있는데 하얀 등대가 서 있는 등대섬의 전경을 바라보는 것은 이번 여행의 최고 백미라 할 수 있다. 우리들은 연신 감탄사를 합창하듯 쏟아낸다. 홍해의 기적이라고….

소매물도는 아주머니들이 직접 물질을 해서 잡은 멍게, 전복, 소라, 해삼이 싱싱하며 뼛속까지 시원한 바다의 맛을 그대로 전해 준다. 신비한 체험은 모두들 동심으로 돌려놓은 듯 해맑게 웃으며 재잘댄다.

우리가 타고 온 배가 뭍으로 돌아갈 때 뱃전의 파도와 흰 거품으로 아쉬워하는 우리를 달래어 주면서 바닷길은 또 오라며 손을 흔든다. 삶의 무게는 걸음에 비례한다는 생각이 간혹 들 때가 있다. 걷는 게 곧 삶이오, 그게 멈추면 삶도 끝나기 때문에…. 걸어오면서 만난 숱한 사람들, 한때는 내 전부라 생각하던 사람도 지금은 소식조차 모르는 스쳐 간 사이가 됨에 서글프기도 하고 또한 좋지 않은 만남이지만 오랜 세월 이어져 함께 같은 길을 가게 되기도 하는 인생길은 참 알 수 없는 길이기도 하다. 많은 세월이 흘렀다. 그리고 많은 길을 걸어 왔다. 한때는 만용의 길도 걸었고, 헤어날 수 없는 안타까운 길을 걸을 때도 있었다. 그러나 돌이켜 보면 모두가 소중한 나의 길이다. 앞으로도 이 길은 계속될 것이기에 이젠 유유자적 옆도 뒤도 돌아보고 새소리, 바람 소리에 귀도 기울이며 맘 편한 벗들과 함께 걸어가고 싶다.

지금도 나의 길은 진행 중이다

2002년 10월 20일 토요일 주섬주섬 가방을 챙겼다. 멀리 호반의 도시 춘천에서 개최되는 마라톤 대회에 참가하기 위해서다. 이 대회에 참가하기 위해 나는 반년 전부터 열심히 준비하며 이날을 손꼽아 기다리면서 연습했다.

창밖에는 가을비가 뿌리고 있다. 곱게 물든 나뭇잎 사이로 후텁하던 여름비보다 맑아진 빗방울들이 상쾌하게 느껴졌다. 고대하던 춘천 경기라 내 마음은 물든 단풍잎처럼 팔랑거리며 소풍 나온 아이처럼 설렌다. 사서 고생한다는 아내의 핀잔을 뒤로하고 내일 달리기에 필요한 옷가지와 신발 등을 챙겼다. 집에서 나올 때 가을비는 멈출 줄 모르고 계속 내렸고 중앙고속도로에 들어선 우리 일행이 안동, 단양을 지나 원주, 홍천을 경유해 춘천에 이르렀을 때는 비가 그치고 썰렁했지만 저녁노을의 따뜻한 미소 속에 어느새 서산 해는 뉘엿뉘엿 넘어가고 있었다.

그날 밤 춘천 시내와 공지천 유원지에는 우리 일행을 반기듯이 대형 애드벌룬이 운동장 하늘 위에 둥실 떠 있었다. 여기저기 흥겨운 음악과 생동감 넘치는 분위기의 축제장 거리를 지나 우리는 춘천의 일번지 명동에서 닭갈비와 막국수로 즐겁게 식사를 했다.

어렵던 시절 춘천에 양계장이 많아 저렴하게 구할 수 있는 닭을 먹음직하게 토막 쳐 고추장 등 매콤한 양념을 넣고 각종 채소와 쫀득한 흰 떡을 넣어 푸짐하게 차려 나오니 자연스레 사람들이 모여들고 60~70년대를 거치며 닭갈비는 춘천의 명물이 되었다. 명동은 막국수와 닭갈비를 찾아 전국에서 모여드는 사람들로 북적대니 음식은 더욱 맛깔지고 유명해져 그 푸짐함에서 오는 넉넉함과 포만감에 절로 웃음꽃들이 피어난다.

다음 날 아침 9시 10분 춘천종합운동장에 모였다. 날씨는 스산하기보다 제법 쌀쌀해 긴 바지를 꺼낼까도 했지만 달리다 보면 실오라기 하나도 거추장스럽기에 가볍게 출발선에 섰다.

오전 10시 출발하는 풀코스는 춘천종합운동장-국악예술회관-의암빙상장 입구-의암댐-강원애니고-신매대교(U턴)-서상교-춘천댐-신동3거리-소양2교-춘천종합운동장이다.

총성과 함께 드디어 출발. 달린 지 42분 의암댐 다리 10km를 지나고 있었다. 나는 10km에서 20km 사이를 달릴 때가 가장 편안하고 안정을 찾으며 호흡이 고르고 양다리는 가볍다. 운동을 좋아하기에 여러 운동을 해 보았지만 이런 기분을 느끼는 종목은 드물다. 20km 이후부터는 구간이 다소 불규칙하고 굴곡과 기복이 심한 곳을 지나갔다. 25km 지점부터는 가을 단풍이 절정인 푸른 의암호를 지나 삼악산을 바라보며 달리는데 갑자기 함께 뛰던 직장 동료가 무밭으로 뛰어들어 가 먹음직한 무 하나를 뽑아 들었다. 한입 베어 물어 조금씩 삼키며 무나 오이가 수분 섭취에는 최고라며 엄지를 치켜든다.

서리하는 것을 보니 갑자기 떠오르는 옛날 생각에 슬며시 웃음이 번진다. 또래 개구쟁이 몇이 모여 동네에서 떨어진 산비탈 조그만 과수원에서 사과 서리를 했다. 한두 번 해 보니 재미가 있어 그날도 또 서리를 나서 사과를 몇 개 따지도 않았는데 난데없이 송아지만큼 커다란 개가 컹컹 짖으며 달려들었다. 아이들은 손에 들은 사과마저 던져 버리고 혼비백산 비탈길을 구르며 도망을 치는데 과수원 주인아저씨의 껄껄 웃는 소리가 들려왔다.

우리가 팽개친 사과를 비탈 아래로 굴려 주며 "이 녀석들 다음에 또 오면 그때는 저 개가 아프게 깨물 것이다."라는 큰소리에 다시는 과수원 근처엔 얼씬도 못했던 그때가 생각난다. 지금 생각해 보면 다 뉘 집 아이들인지 알 것이나 손해 배상을 청구하지 않고 대신 혼만 내는 고향 어른들의 너그러움이 아득한 향수를 불러온다. 지금이라면 어림도 없는 얘기 아닌가?

시간만 나면 뛰니까 사람들은 나에게 묻곤 한다. 왜 그렇게 힘들게 뛰는 운동을 하느냐고…. 나는 이렇게 대답한다. 힘들기 때문에 뛰는 거라고…. 칠흑 같은 어둠이 없다면 빛의 소중함을 알 수 없으며 어떤 시련 없이 성공이 있을 수 없다고 생각하기 때문이다. 아이러니하지만 우리 인간은 편안함에서보다 어려운 환경 속에서 더 많은 것을 느끼고 배울 수 있기에 어쩌면 우리의 삶도 어렵고 힘들기 때문에 살아 볼 가치가 있는 건 아닐까 생각한다.

나의 지난날 피 끓는 청춘, 대한의 남아로서 푸른 제복을 입고 보상 없는 희생을 해 가며, 군 생활을 이곳 춘천에서 보낸 아득한 그때가 주마등처럼 스쳐 간다. 그 힘든 군 생활도 세월이 흐르면 때론 그리워질 수 있다는 것이 어느새 이상하지 않은 나이가 되어 버렸다.

저기 산 중턱쯤 부대 초소가 있어 빳빳한 군기로 밤새 꼿꼿하게 보초를 서던 장소들이 여기저기 손에 잡힐 듯하다. 함께 훈련 받던 푸르던 전우들도 모두들 중년으로 성큼 접어들었겠지만 다시 만난다면 그때처럼 다시 청춘이 되지 않을까 하는 생각에 빙그레 웃어도 본다.

달리다 보니 가볍던 몸은 점점 무거워지고 무릎도 아프고 숨이 턱턱 막혀 주저앉고 싶은 마의 30km 구간대를 지난다. 왜 이런 고생을 사서 하는지 모르겠다며 약간의 후회가 들다가도 그래 조금만 더 버텨 내라 자신을 달래며 젖 먹던 힘까지 모아 달리고 또 달린다. 그렇게 달리다 보면 어느덧 39km를 지나고 고지가 바로 눈앞이라는 생각에 더욱 힘을 짜낸다.

맑은 물과 상쾌한 바람의 북한강을 내 등 뒤의 풍경으로 맞이하면서 춘천 시내로 들어서면 참 고맙게도 우리를 응원해 주는 생면부지 사람들의 환호와 박수에 또 다른 힘이 생긴다. 우리 대열이 통과하기를 기다리는 차량과 거기서 뿜어 나오는 매연이 다시 현실 세계로 돌아오게 한다.

마라톤은 가장 정직한 운동이다. 어떤 기구나 도구를 사용하지 않고 오직 자신이 흘린 땀을 밟고 앞으로 달려 나가는 가장 원시적인 운동이기도 하다. 마라토너는 질서를 지키고 매너를 갖추며 서로를 다독여 같은 방향으로 함께 달려 나아가는 우리들의 다정한 이웃이며 서로 힘이 되는 조력자이며 이심전심 서로를 잘 이해하는 가장 가까운 친구들이다.

시간은 어느덧 3시간 01분이 흐르고 앞에는 소양교가 있고 이미 멀리 다리를 지나고 있는 사람들의 모습도 보였다. 체력의 소진으로 점점 걷고 싶고 주저앉고 싶은 충동이 나의 인내를 시험하고 있다. 그러나 여기서 멈출 수 없었다. 나와의 싸움에서 패배하는 것이기 때문이다. 옆 사람을 따라잡는 생각보다는 나 자신을 이겨야겠다는 생각 뿐이다. 드디어 결승점(42.195km)이 시야에 들어왔다. 또다시 온몸 한 방울의 힘까지 모두 짜내어 천근만근 처지는 몸을 한 걸음 한 걸음씩 태산을 옮기듯 달려서 3시간 14분, 드디어 골인! 내심 3시간을 목표로 연습했기에 결과에 못 미처 실망하면서도 또다시 완주해 냈다는 충족감과 희열감으로 벅차기 그지없다. 땀범벅에 숨이 차 헛구역질이 나고 온몸이 부들부들 떨리며 고통스러워도 이미 마음은 붕 떠서 하늘을 가볍게 훨훨 날고 있었다.

"만약 무엇에서 우승하고 싶을 땐 100m 뛰어라. 그러나 진정 무엇을 경험하고 싶다면 마라톤을 뛰어라."는 말이 있듯이 3시간 넘게 먼 길을 달린 오늘의 기억은 내 모든 근육 세포 구석구석에 새겨질 것이다.

또한 앞으로의 내 삶에서, 나의 의지와 이성이 나약해질 때 몸속에 기억하고 있는 오늘의 이 힘과 용기가 나를 이끌어 줄 것이라고 굳게 믿는다. 자신을 넘어서는 경험이 중요한 것은 이러한 깊은 의미가 있기 때문이라 생각한다.

포항으로 돌아오는 길은 한 걸음 옮기는 것조차 힘이 들 정도로 몸은 천근만근이다. 하지만 그 먼 길을 함께 뛰었던 이들은 어느새 직장 동료 이상의 가장 가까운 벗들이 되어 소주 한잔 기울이면서 완주 후에 느끼는 그 뿌듯함과 희열감을 공유하면서 경기에 대한 이런저런 이야기와 다음 경기의 정보를 주고받으며 마무리를 한다.

나에게 마라톤은 어떤 운동에서도 찾을 수 없는 내면의 나를 들여다보고 파노라마처럼 스쳐 가는 기억들을 더듬을 수 있는 운동 이상의 큰 의미이기도 하다.

마라톤을 시작한 지 6년 10개월, 이제는 내 생활의 일부로 깊숙이 파고들고 있고 틈만 나면 매일 달리고 또 달린다. 내게 마라톤은 누구와 앞다투어 승패를 가리는 일이 아니며 그저 나와의 끊임없는 대화이고 도전 정신이다. 자기 극복과 성취감이 하나의 과정이란 생각에 뛰고 달리는 것이 오히려 휴식이며 어느덧 깊은 명상이 되어 가고 있다.

누군가 말했듯이 마라톤은 신께서 내려 주신 가장 위대한 보약이라고 한다. 영국 속담에 "우유를 먹는 사람보다 우유를 배달하는 사람이 더 건강하다."라는 말이 있다. "물고기는 헤엄치고 새는 날며 인간은 달린다."라는 어느 마라톤 우승자의 말이 그 모든 것을 대변해 주는 듯하다.

평생 직장을 떠날 즈음

나의 고향은 충북 단양이다. 전매청(담배인삼공사) 공무원이던 부친이 갑자기 광산 개발에 뛰어들었다. 산골 마을은 별로 일자리가 없다. 그런 곳에서 비교적 안정적인 직업이 공무원인데, 지인들의 말에 솔깃해진 부친이 사업을 시작하면서 집안은 급속히 어려워져 많은 세월을 힘들게 살았다.

산골 청년은 군 제대 후 대학 복학을 포기하고 직장을 찾아 먼 포항으로 내려왔다.

1960년대 우리나라 경제를 이끈 쌍두마차는 섬유와 철강 산업이었다. 많은 노동력이 필요한 만큼 많은 사람들에게 일자리를 만들어 주면서 두 산업은 활황을 이뤘다. 포항제철(포스코)은 바다에 300여만 평 부지에 자리를 틀고 다양한 철강류를 생산했다. 국내 산업의 기반이 될 뿐 아니라 수출로도 많은 이익을 창출할 수 있는 분야였다.

돌아보면 우리는 5천 년 전부터 금속 제품을 사용해 왔다. 땅속에

묻힌 자원을 활용해 청동기 시대를 열고, 철기 시대를 열었다. 삼국 시대의 금속 공예는 세계적인 수준의 예술품이었다. 그런 기술력이 잠재된 DNA를 지닌 민족이다 보니 포스코가 세계적인 제품을 생산하는 회사로 급성장한 것이 우연은 아니다.

포스코 인근에 집을 구해 첫 봉급을 받고 자전거를 구입했다. 그 당시는 대부분 직원이 자전거로 출퇴근을 했다. 포스코로 들어서는 넓은 도로를 가득 메운 자전거 행렬을 따라 출근길에 오르는 뿌듯함을 그 무엇에 비유하랴. 회사가 급성장을 하면서 상여금도 적지 않았다. 다른 회사에서 400% 상여금을 줄 때 최대 1250%, 급여보다 더 많은 상여금을 받기도 했다. 두둑한 급여 봉투를 받아 퇴근할 때의 뿌듯함은 직장인만이 갖는 행복이리라.

내 또래 많은 사람들이 공통적으로 하는 말이지만, 어찌 보면 급여를 직접 줄 때가 더 행복했다. 돈 봉투를 받아 든 아내가 밤새 생활비를 나누며 돈을 세는 모습도 행복했다. 하지만 지금은 통장으로 들어와 은행과 보험회사, 카드 회사에서 각각 정해진 날에 돈을 빼간다. 현금은 없고 숫자만 기록되는 생활 체계다 보니 급여를 받는 재미는 없다. 다만 생활을 위한 계산만 남을 뿐이다. 기계와 통신의 발달이 뺏어간 작은 행복이 아닐까 한다.

상여금을 받을 때면 때때로 회사 동료들과 선술집을 찾아 가볍게 술 한잔 나눴다. 토요일까지 출근하고, 잦은 야근을 해야 하는 주 6일 근무 시절이지만, 피로감은 없었다. 조금 술이 과하면 자전거를 끌고 집으로 가야 했지만, 다음 날이면 아침 일찍 맞는 일상이 흐트러지는 일은 없었다.

그렇게 20년 세월을 보내던 어느 날, 포스코에서 생산 라인이 아닌 일부 부서는 아웃소싱을 하게 됐다. 조건은 위로금으로 120개월치를 주는 거액의 조건이었다.

내가 근무하는 환경 쪽에서도 피할 수는 없었다.

선택은 내 몫이다. 포스코에 남아 정년까지 일을 할 것인지, 아니면 목돈을 받고 협력업체로 가야 하나 갈등을 해야 했다. 결국은 포스코를 나와 협력업체를 선택했다. 이전과 하는 일은 같았지만, 업체가 분리되면서 갈등을 해야 했다. 제2의 인생을 준비하고는 있었지만, 포스코에서 생활이 늘 행복했기 때문이다. 더구나 의학이 발달해 평균 수명이 늘어나면서 일을 할 수 있는 시기도 늘어나고 있다.

그렇게 선택한 협력업체에서의 생활도 어느새 마무리가 되어 간다. 올해면 평생의 직장을 떠나 새로운 일을 해야 한다. 한편으로는 새로운 일을 도전하는 것에 묘한 흥분을 느끼면서도 한편으로 불안감이 있는 것도 사실이다. 10년 전 아들이 쉽지 않은 경쟁을 뚫고 포스코에 입사를 했다. 마치 나의 20년 전 모습을 아들을 통해 보는 것 같다.

지난 시절 시간의 흐름과 일련의 일들이 나와는 무관하다는 생각에 크게 개의치 않았던 것 같은데, 어느새 내 나이가 모든 일들이 내 일이 되어 있고, 내 일이라는 걸 깨닫게 됐다. 지금까지 나름 성실이 임해 왔다고 생각하는데 어쩌면 지금부터가 또 다른 시작일 수도 있다는 생각으로 긴장감을 갖고 초심의 자세로 돌아가야 할 시점인 것 같다.

소설 『노인과 바다』를 떠올린다. 헤밍웨이의 마지막 소설로 유명한 이 소설은 그가 쿠바 아바나에 머물다가 근처에서 청새치 낚시를 하는 어부를 보면서 구상했다. 삶을 바라보는 헤밍웨이의 철학이 잘 녹아나는 이 소설은 우리에게 삶이란 무엇인가를 생각하게 해 준다.

어부 산티아고는 84일간 고기를 잡지 못하다가 85일 때 먼바다로 나가 마침내 청새치 한 마리를 잡는다. 하지만 청새치가 너무 커 오히려 노인의 배를 끌고 간다. 이틀 동안 청새치에게 끌려다니는 노인. 고기를 잡는 것이 평생의 일(직장)이었지만 이제는 오히려 그 일을 감당하지 못하고 끌려다니는 신세가 된 것이다.
　삼 일째 되어서야 그는 작살로 청새치를 죽이고 항구로 향한다. 하지만 청새치의 피 냄새를 맡고 몰려든 상어들과 사투를 벌여야 했다. 천신만고 끝에 상어를 물리치고 항구에 도착했는데, 그의 곁에 남은 것은 머리와 뼈만 남은 청새치의 잔해뿐이었다.
　우리의 삶, 특히 직장인의 삶도 결국 그런 것은 아닐까? 아무 필요 없는 청새치만 남은 노인처럼 결국 직장을 나와 항구라는 터전에 다시 발을 디뎌야 하는 것. "저 고기 놈이 되어 보고 싶구나, 하고 그는 생각했다. 오직 내 의지, 내 지혜에 맞서 모든 걸 갖고 싸우고 있는 저 놈 말이야."라는 노인의 고백처럼, 내 모든 것을 쏟아부었지만 결국은 추억 하나만 건져 가는 것이 직장인의 삶은 아닐까 생각해 본다.
　바다에 떠 있는 거대한 포스코(포항제철)라는 배를 타고 먼 항해를 하는 동안 '나' 수고 많았다고 위로의 말을 건네본다.

아들의 결혼식

 우리 어머니들은 아들을 참 좋아했다. 아들을 낳아야 집안의 대를 잇는, 며느리로서 가장 중요한 역할을 한다는 의식이 강했다. 이런 의식은 어쩌면 아들은 농경 중심 사회에서 집안의 든든한 일꾼이면서 노후의 삶을 보장해 줄 위치에 있기 때문일지도 모른다.
 그런 의식은 1980년대 들어 서서히 변화하기 시작했다. 핵가족이 보편화되고 조선 시대 유교적 가치가 변화하면서 남아를 선호하던 사회 인식은 빠르게 변하기 시작했다. 아들은 성장해 며느리의 남자가 되고, 딸은 부모를 해외 여행 시켜 준다는 말도 나오기 시작했다. 물론 효도하는 자식도 있고, 불효하는 자식도 있다. 모든 아들딸에 통용되는 말은 아니지만, 사회는 그렇게 500년 인식을 깨면서 변화하기 시작한 것이다.
 일전에 만났던 한 스님은 자식에 대해 좋은 인연과 과거의 악업으로 인한 인연으로 구분해 설명했다. 빚 받으러 오는 놈과 빚 갚으러

오는 놈이 있다. 전생에 나의 잘못된 행동으로 인해 피해를 많이 봤던 누군가가 오랜 세월 윤회를 거치면서 빚을 받기 위해 자식으로 태어났다고 하자. 얼마나 속을 썩일 것인가. 하지만 부모는 그마저도 사랑으로 감싸 안아야 한다. 전생의 업을 그렇게 갚아야 다음 생에 각자 다른 모습으로 행복하게 살 수 있다.

빚 갚으러 온 자식은 그야말로 복덩어리다. 대부분의 아들딸이 전생에 좋은 업으로 인해 부모와 자식으로 인연을 맺으면서 행복을 서로 나누고 사는 것이 아닐까 하는 생각을 해 본다.

두 해 전, 오랫동안 같이 살았던 아들이 배우자를 만나 결혼식을 올렸다. 과거에는 아들이 결혼하면 한 식구가 늘어나는 것이니 반가운 일이고, 딸이 결혼을 하면 사랑하던 자식이 부모의 품을 떠나는 것이니 얼마나 섭섭했을까.

하지만 지금은 아들이고 딸이고 결혼을 하면 부모의 품을 떠나는 것은 같다. 손주의 귀여움은 그 무엇에도 비길 바는 아니지만, 미안하게도 매일 손주와 시간을 보내라고 하면 요즘의 젊은 할아버지 할머니들은 손사래를 친다. 나도 내 인생을 이제 살아야겠기에, 가끔 만나 재롱을 보는 것이 더 낫기 때문이다.

요즘의 결혼식은 젊은이들이 다 알아서 한다. 결혼식장을 정하는 것부터, 주례, 행사 절차 등을 구태여 정형화된 틀에 얽매이지 않는다. 며느리를, 딸을 데리고 집안 살림과 혼수용품을 준비하느라 분주하게 움직일 필요도 없다. 그도 그럴 것이 어차피 독립하면 자신들의 집에서 둘이 살아갈 것인데, 부모가 원하는 가구며 그릇 등등을 골라 줄 필요는 없다.

하지만 부모님의 하객이 오는 만큼 어느 정도의 개입은 불가피하다. 무엇보다 주례 선생님을 모시는 일은 참 고민스런 일이다. 다른 사람들이 볼 때 결혼 당사자뿐 아니라 부모의 현재 삶을 투영해 보이는 것이기 때문이리라.

더 멋진 결혼식, 더 기억에 남는 결혼식을 아들에게 해주고 싶어, 주례 선생에 대해 이런저런 고민을 하던 중 같이 문학 활동을 하던 시인 이서연 선생이 흔쾌히 이를 허락해 줬다. 이 시인은 평생을 같이 살아가면서 가져야 할 마음을 간략히 설명해 주고 첫 출발을 하는 젊은 부부를 위해 축시와 멋진 시낭송까지 전해 줬다. 참 고마운 일이다.

상형문자가 태어나기 전부터
한 알의 씨앗이 굴렀다죠
이슬로 아침 끼니를 이루고
별들과 밤나들이 겸 얘기를 쏟으면서
씨앗이 씨앗을 품고 또 씨앗으로 자라
긴 날 먼 길을 채워 왔다죠

그렇게 시간의 자리를 만들며 만들며
얼마나 기다렸던 인연인가요
기다림의 자리에서 인연을 엮으며 엮으며
얼마나 채워 온 사랑인가요
더없는 사랑을 보듬어 보듬어
얼마나 다듬어 온 하나 됨인가요

꽃보다 향그럽고 나무보다 푸른 오월에
별보다 사랑스럽고 보석보다 귀한 자리에

그 무엇으로도 대신할 수 없는 나의 그대와
그 어떤 것으로도 다시 존재될 수 없는 그대의 내가
마음으로 한 영혼 되길 약속하는 이 순간은
하나의 몸으로 함께 하는 길로 들어섬이죠

때로는 삶의 자락에 눈물과 핏물이 흐르리오
때로는 눈물 자국에 빗물과 눈보라가 치리오
때로는 핏물 자리에 천둥과 번개가 터지리오
따끔한 주사처럼 심술내는 신들의 노여움도 있으리
살아내야 하는 과정의 신호로 여기는 여여함으로
미련토록 사랑하는 것만이 답이라는 것을 깨달으리오

이제 매일 서로를 초대하는 꽃이 되고
이제 매일 서로의 의미가 되는 시가 되어
눈빛만으로도 가슴이 통하는 벗으로
손짓만으로도 언어가 통하는 벗으로
함께 가슴을 맡기고 서로 곁을 지켜 가오
함께 삶을 맡기고 한 세상을 지어 가오
지금 삶의 자락을 함께 한 아름다운 연인들이여
지금 이렇게 하나 된 길에 선 푸른 연인들이여
　　　　　―이서연, 〈하나 되는 길에서―결혼을 축하하며〉

　결혼식 내내 긴장된 마음을 시 한 편으로 풀어 준 이 시인에게 제대로 고마움을 표시하지 못했는데, 마침 이 글을 통해 감사를 표할 수 있게 됐다.

아들은 포스코에 입사해 자리를 잡아가고 있다. 또 어느새 아이를 낳고 우리 세대와는 다른 모습으로 가정을 꾸려 가고 있다. 이 시인의 축복이 그대로 아들 부부에게 전해졌으리라 생각된다.

살면서 참 많은 분들의 도움을 받고 산다. 되돌아보면 하나하나 감사한 일이고, 나도 역시 다른 사람을 늘 돕고 같이하며 살아야 한다는 생각을 하게 된다.

"꽃보다 향그럽고 나무보다 푸른 오월에" 결혼한 아들 내외에게, 그리고 '나'에서 '우리'가 된 우리의 모든 아들딸들이 "함께 가슴을 맡기고 서로 곁을 지켜 가오, 함께 삶을 맡기고 한 세상을 지어 가오"라고 한 이 시인의 말처럼 살아가길….

결혼식을 마치고 집으로 오면서 평생을 그렇게 옆에 있어 준 부인의 손을 꼭 잡아 본다.

고마운 선생님

 가정의 달을 맞이하는 마음이 해마다 다르다. 젊은 시절 오월은 어린이날과 어버이날에 기준을 세워 지출을 계획하고 여행이나 식사를 했다. 아이들이 어릴 때는 밀려드는 홍수처럼 사람들로 발 디딜 틈 없는 놀이공원을 찾았다. 몸은 피곤하지만 아이들이 즐거워하는 모습을 보면 마음은 가벼웠다. 오히려 어린이날 아이들과 함께 있어 주지 못할 때 마음이 더 무거웠다.
 어버이날도 큰 행사다. 부모님뿐 아니라 처가 부모님께도 인사를 해야 하니 몸은 2배로 분주해야 했다. 한 분 한 분 어른이 돌아가실 때마다 분주함은 덜해지지만 마음은 더 허전해지고 아련해진다. 이제 사실 날이 얼마 남지 않은 어머니를 볼 때면, 올해가 어쩌면 어머니와 보내는 마지막 어버이날이 아닐까 하며 밤잠을 설친다.
 15일은 스승의 날이다. 초등학교에서 고등학교 시절까지 우리는 열두 분의 담임 선생님과 수많은 선생님을 만나게 된다. 그 가운데서도 기억나는 선생님은 누구나 있다. 내 삶에 큰 파장을 남긴 선생님이 그분일 거다.

초등학교 4학년 때, 벌써 50년 전 담임이셨던 임영자 선생님을 나는 마음에 담고 있다. 어느 날 선생님께서 질문하셨다.

"너의 꿈은 뭐니?"

"네, 선생님이요."

처음으로 꿈에 대하여 물어보신 분이셨는데 선뜻 선생님이라고 대답한 기억이 뚜렷하다.

그때는 선생님이 된다는 것이 별로 어려운 일이 아닌 것 같았다. 하지만 꿈은 하나하나, 마치 계단을 오르듯 이뤄 가야 가능한 것이다. 조금이라도 다른 길로 들어서면 전혀 다른 길을 걷게 되고, 꿈도 바뀌게 된다. 내가 고교 시절이던 1970년대 후반은 산업화 붐이 일어나면서 국가에서도 실업계 장려정책을 내놓았다. 집안의 형편도 생각해 실업계 고교에 진학했는데, 선생님에 대한 꿈은 접어야 했다. 지나고 보면 참 아쉬운 일이다.

노란 숲속에 길이 두 갈래로 났었습니다.
나는 두 길을 다 가지 못하는 것을 안타깝게 생각하면서,
오랫동안 서서 한 길이 굽어 꺾여 내려간 데까지,
바라다볼 수 있는 데까지 멀리 바라다보았습니다.

그리고, 똑같이 아름다운 다른 길을 택했습니다.
그 길에는 풀이 더 있고 사람이 걸은 자취가 적어,
아마 더 걸어야 될 길이라고 나는 생각했었던 게지요.
그 길을 걸으므로, 그 길도 거의 같아질 것이지만.

그날 아침 두 길에는
낙엽을 밟은 자취는 없었습니다.
아, 나는 다음 날을 위하여 한 길은 남겨 두었습니다.
길은 길에 연하여 끝없으므로
내가 다시 돌아올 것을 의심하면서⋯.

훗날에 훗날에 나는 어디선가
한숨을 쉬며 이야기할 것입니다.
숲속에 두 갈래길이 있었다고,
나는 사람이 적게 간 길을 택하였다고,
그리고 그것 때문에 모든 것이 달라졌다고.
―로버트 프로스트 저, 피천득 역 〈가지 않은 길〉

  시인 로버트. E 프로스트의 〈가지 않은 길(The Road Not Taken)〉은 마치 이런 나의 마음을 잘 보여 준다. 숲속의 두 갈래길에서 고민하던 시인은 어느 한 길을 택해야만 했다. 다른 길은 갈 수 없는 것이 우리의 인생이 아닐까. 결혼 후 큰 아이가 중학교에 입학할 무렵, 주경야독으로 때 놓친 공부를 해 대학원 과정을 마쳤지만 이미 선생님이란 길은 내가 선택할 수 있는 길이 아니었다.
  선생님이 그때는 꿈이었는데 어른이 된 지금의 세상살이는 너무 복잡다단하고 빠르게 변하고 있다. 세월의 흐름을 따라가기도 버거운데, 어찌 다른 길을 기웃거릴 틈이 있겠는가.
  세월은 참 빨리도 흘러갔다. 학교를 졸업하면서 잊지 않고 선생님 찾아뵙기를 약속드리고 굳게 다짐했건만 평생을 지키지 못하고 있다. 선생님께서 아직도 정정하게 살아 계시리라 생각하면서 언젠가 찾아뵐 날을 기약만 하고 산다. 그러다 보니 스승의 날이면 참 죄송스럽다.

고등학교 시절 2, 3학년 담임이었던 윤석주 선생님께도 참 죄송스럽다. 내 인생의 방향을 잡을 수 있도록 많은 가르침을 주셨는데, 찾아뵙지도 못한 채 세월은 야속하게 흐르기만 한다. 해마다 안부 인사, 감사 인사를 방문이나 손편지 대신 마음속으로 띄우지만 언젠가는 환히 웃으시며 받아 주시리라 믿어 본다.

내가 다닌 고등학교는 충청도 산골에 위치해 있었다. 사방을 둘러봐도 보이는 건 산이고 위로는 푸르디푸른 하늘만 보이는 단양 읍내에 있었다. 단양 읍내에 하나밖에 없는 남자고등학교라 당시에는 면 단위 학생들이 모두 시험 봐서 입학하는 제법 규모 있는 고등학교였다. 각자 꿈을 가지고 진학을 했지만 대도시의 학생들보다는 선택의 폭이 넓지는 못했다.

눈에 띄지 않는 조용한 학생으로 학교와 동네가 전부이다시피 했던 나는 뭔가 알 수 없는 답답함에 바깥세상으로의 탈출을 항상 꿈꿨다. 주변에서 멘토의 멘토링이나 롤모델 같은 건 상상하지도 못했다. 오로지 독서나 진로 서적을 통해서라도 진로를 고민해야 했다. 친구들과 몰려다니면서, 같은 환경과 생각을 지닌 또래끼리 고민을 나누는데 그칠 뿐이었다.

만용과 용기의 차이점도 정확히 알지 못했던 우리들에게 선생님은 참 좋은 말씀을 많이 해 주셨다. 고전 문학부터 시작해서 청소년들이 꼭 읽어야 할 교양 도서를 소개해 주셨다. 우물 안 개구리 같은 시골 학생들에게 방학 때 대도시 또는 서울의 큰 도서관이나 박물관, 대학교 캠퍼스 등을 가보라 권유하시며 넓은 세상을 향해 이상을 품을 수 있도록 길을 제시했다.

선생님은 지루할 때 때로는 우리들 눈이 반짝여질 수 있는 청춘 영화 이야기를 해 주셨다. 지금도 생생히 기억나는 '러브 스토리', 하버드 풋풋한 두 청춘이 세상 잣대의 방해에도 꿋꿋하게 이루는 오로지 사랑 하나로도 너무 아름다운 순애보적 사랑과 잘 어울리는 시원하고 멋진 눈 위의 음악들, 헤르만 헤세의 의미 깊은 하지만 조금은 어려운 성장 소설 『데미안』 내용을 쉽게 설명해 주시며 좀 더 멀리 높이 날 수 있도록 도와주려 애를 쓰셨다.

실업계라 음악 과목은 고1로 끝나고 나면 노랫소리 별로 들을 일 없는 남고의 학교 생활은 좀 거칠고 삭막하다. 어느 날 선생님께서 '징글벨'과 '에델바이스'를 영어로 가르쳐 주셨는데 가뭄 끝의 단비 같아서 모두들 열심히 배웠다. 그 노래를 부를 수 있는 날, 크리스마스는 얼마나 기다리고 기다리던 날이었던지….

30대 초반의 선생님은 전형적인 서울 사람들처럼 얼굴이 화사했고, 사근사근하게 들리는 표준어는 투박한 시골 억양에 비해 다정다감해 마치 눈부신 봄 햇살 같았다.

산골 아이들에게 바다는 큰 동경의 대상이다. 수학 여행을 한려해상 국립공원으로 갔었는데, 처음 본 바다는 강이랑 비교가 되지 않았다. 그 엄청난 드넓음에 놀랐고 많이 보지 못했던 각종 신기한 해산물들의 맛깔스러운 맛에 호기심을 참지 못하고 밤에 살짝 몇몇씩 숙소를 몰래 빠져나오고야 말았다.

낯선 항구의 북적거림과 비릿하지만 신선한 바다 냄새와 철썩이는 파도 소리가 일품이던 여수 밤바다의 정취에 가슴이 탁 트이던 잊지 못할 수학 여행의 추억들이었다. 그때의 일탈을 슬며시 눈감아 주시던 선생님의 너그러움을 우리는 저절로 존경하게 되었다.

선생님은 아름다운 단양의 자연을 참 좋아하셨다. 어느 날 석양이

뉘엿뉘엿 질 무렵 강가에서 납작한 돌 위에다 숭덩숭덩 썰은 돼지고기를 굽는데 지글지글, 고소한 고기 익는 냄새와 싱그러운 강바람이 어우러져 얼마나 운치 있고 고기 또한 맛있던지 그날의 기억이 지금도 생생하다. 물론 선생님은 소주를 아주 조금 권해 주시며 술은 절대로 과하지 않아야 한다는 주도의 기본을 알려 주셨다. 선생님과 마주 앉아 마셔 본 그날로 다시 한 번 돌아가 봤으면 할 만큼 사나이들의 참 멋진 저녁 시간이었다.

어느덧 이렇게 많은 시간이 흘러 까맣던 까까머리는 희끗하게 변했지만 그때가 가장 아름답게 느껴지는 것은 내 인생에 가장 큰 가르침을 주신 참스승이 계시고 또한 함께한 소중한 추억 때문이다.

선생님은 우리가 졸업식을 마치고 얼마 후 학교를 떠났다. 대기업으로 이직한 선생님은 작별 인사차 들렀는데, 서운하고 아쉬운 마음이 앞서 나는 어이없게도 나가시는 뒷모습에다 쭈뼛거리며 안녕히 가시라고 겨우 인사만 드리고 말았다.

65세의 나이다. 스승의 날이면 항상 마음은 어릴 때 그때로 돌아가는데, 새치 가득한 머리를 볼 때면 갑자기 나이가 가슴에 크게 쑤욱 들어온다. 이제야 세상의 이치를 조금 분별하게 됐나 싶은데, 마음과 몸이 서로 달리 움직일 때가 많다. 그동안 틈틈이 운동을 하면서 몸 관리를 하고 있지만, 몸의 노화 작용은 내게도 다가오고 있다. 그럴수록 나보다 10살 넘게 더 많은 나이의 선생님은 건강이 어떨지 생각해 본다.

올해 정년을 마치고 나면, 내년에는 더 늦기 전에 꼭 은사님을 찾아 뵈어야겠다. 내 삶의 목표를 찾아주신 분들 아닌가.

회갑을 맞는 아내에게

　사람들은 태어나면서 자기가 주인공이 되는 날을 네 번 겪는다. 첫 번째가 돌잔치다. 어머니의 배에서 나와 1년의 시간이 지나고 나서야 비로소 두 발로 설 수 있는 시기도 이 즈음이다. 그 다음은 성년식이다. 지금은 많이 사라졌지만 성년이 되면 친지들이 모여 이를 축하해 주고, 본인도 완성된 객체로서 책임감을 갖게 된다.

　결혼식도 내가 주인공이 되는 날이다. 부모에게서 독립해 한 가정을 꾸리는 것은 우리 사회의 한 가정이 태어나는 일이다. 많은 하객들이 나의 결혼을 축하하기 위해 자리를 함께 한다. 그 다음은 안타깝게도 죽음이다. 이 세상을 떠나는 마지막 길을 추모하기 위해 하객들이 찾는다.

　수십 년 전만 해도 여기에 더해 회갑 잔치를 열곤 했다. 의학이 발달하고, 생활 공간의 개선이 획기적으로 이뤄지면서 우리의 평균 수명이 늘어났다. 건강 상태도 좋다 보니 60세면 아직도 충분히 일을 할 수 있는 나이이다. 대다수의 사람들이 회갑을 지나 칠순, 미수까지 건강하게 생활을 한다. 그렇다 보니 회갑 잔치는 직계 가족간 모여 축하하는 자리로 축소됐다.

그런데 동양사상을 기반으로 볼 때 회갑은 매우 큰 의미를 지니고 있다. 인생의 한 바퀴를 돌은 것이다. 61세를 환갑, 회갑이라고 부르는 것은 육십갑자를 한 바퀴 돌아 다시 삶을 시작한다는 의미를 지닌다.

나도 몇 년 전 회갑을 맞았다. 가족과 친구들과 식사를 함께하면서 지난 삶을 돌아보는 것으로 회갑을 보냈다. 남들 다 맞는 회갑을 나 혼자 요란 떤다는 것도 그렇지만 아직 정정하게 한 직장을 다니고 있다 보니 회갑의 의미가 와닿지 않았다. 내 삶의 어떤 변화가 일어나는 것은 아니기 때문이었다.

회갑을 지나 65세까지 직장을 다니면서(촉탁직 포함) 오히려 많은 생각에 잠기고 있다. 남은 인생을 어떻게 살 것인가라는 고민이다. 90세 넘게 사는 분들이 많은 현실을 볼 때 적어도 80까지는 일을 해야 한다. 회갑 이후 적어도 20년 많으면 30년 동안 일을 하면서 의미를 찾아가야 한다. 어찌 보면 직장 생활을 시작한 만큼의 시간이 남아 있는 것이다.

내자가 올해 회갑을 맞는다. 내자의 회갑은 외국에서 보낼 생각이다. 아직 가보지 않은 나라를 찾아 60갑자 한 삶을 돌아보며, 새롭게 시작하는 변화의 기운을 맞이하기에는 해외가 적합해 보인다. 마치 언어도 의식도 통하지 않은 이 세상에 처음 태어났을 때처럼 언어도 문화도 다른 나라에서 앞으로의 삶을 계획해 보는 것도 좋을 성싶다.

부부가 같이 산 시간만큼이나 서로를 이해하고, 북돋아 준다면 이 얼마나 큰 행복인가. 나이가 들수록 서로 의지하면서 둘이 서로를 받친다는 의미를 가진 사람 인人처럼 사는 것이 인간의 가장 큰 복인지도 모르겠다. 지금까지 37년 시간을 함께 해주고, 앞으로 그 시간을 함께해 줄 내자의 회갑을 먼 외국에서 둘만의 시간을 가지면서 축하해 주고 싶다.

오래 산다는 것이 무작정 좋은 것은 아니다. 이 세상에 태어나 사회를 위해 무엇을 남기고 갈 것인가, 어떻게 살 것인가라는 고민은 해야 한다. 직장을 은퇴한다고 삶과 일을 은퇴하는 것은 아니다. 2000년대 우리 사회의 화두가 웰빙에서 웰다잉으로 변화한 것은 이같은 고민의 결과다.

그런데 어찌 보면 웰빙과 웰다잉은 같은 뜻이기도 하다. 잘산다는 것은 죽음에 잘 이르는 길이 아닐까. 대부분의 사람들은 회갑의 나이가 되기까지 앞만 보고 산다. 회갑을 기점으로 이제는 주변도 살펴보고, 가끔 뒤를 돌아보면서 내가 제대로 걷고 있는가 살펴봐야 한다.

踏雪野中去(답설야중거) 눈 덮인 길을 걸을 때
不須胡亂行(불수호란행) 발자국을 어지럽히지 마라.
今日我行跡(금일아행적) 오늘 남기는 내 발자국은
遂作後人程(수작후인정) 뒷사람의 이정표가 되리니.

서산 스님의 〈야설〉의 문구처럼, 회갑이 지나고 칠순이 지나고. 나이가 더 들수록 조심스럽게 한 걸음 한 걸음 내딛어야 한다. 그래야 조금씩 어른이 되어 갈 수 있다.

회갑을 맞은 내자에게 축하의 마음을 담아 작은 글로 남긴다.

하심하며 살자

제2부

고맙습니다, 미안합니다

　공원 휴게소에서 있던 일이다. 둘째 아이와 화장실을 갔던 부인이 전하는 말. 화장실에서 앞 사람을 기다리는데, 옆칸에 한 젊은 여성이 어린아이를 데리고 서 있었다. 내자가 섰던 줄에 사람이 나오자 소변이 급한 어린아이에게 먼저 쓰라고 양보를 했다. 젊은 여성은 먼저 용무를 해결하고는 그대로 밖으로 나갔다고 한다. '고맙습니다' 한마디 하지 않고 그냥 가버린 것이다. 내자의 해석은 이렇다. "그 여자도 고마웠을 것이다. 하지만 습관이 되지 않아 고맙다는 말을 하지 못한 것 같다."
　가게에 물건을 사러 가서 계산을 하고 그냥 나오는 사람들이 많다. "수고하세요." "많이 파세요." "안녕히 계세요." 한마디를 던지는데 익숙하지 못하다. 집안에서도 마찬가지다. 부모나 손님이, 형제가 밖에서 외출했다 돌아올 때 문 앞에서 가족을 맞는 습관이 많은 가정에서 사라졌다. 오히려 부모가 아이들 방문을 열고 "잘 있었니?"

"나 갔다 왔어" 인사를 건넨다.

미안합니다라는 단어에는 더욱 익숙하지 못하다. 마치 먼저 미안하다고 말을 건네면 안 되는 것 같은 분위기마저 있다. 차량 접촉 사고가 나면 운전자들은 문을 열고 내리자마자 "왜 그렇게 운전하냐"라고 상대방에 따진다. 다친 곳은 없느냐는 질문이 먼저지만, 그런 배려의 말을 했다가는 마치 사고의 원인이 자신에게 쏠리는 듯한 느낌을 받는단다.

김수환 추기경이 선종에 들면서 그분이 남겼던 말이 회자가 됐다. "고맙습니다. 사랑합니다." 두 마디였다. 고맙습니다라는 말을 유언처럼 남긴 것이다. 단순하면서도 많은 생각을 하게 만드는 말이었다.

일본인들이 평생 동안 가장 많이 쓰는 단어는 단연 "스미마셍, 미안합니다"일 것이다. 그 다음이 "아리가토(고자이마스), 고맙습니다"일 것이다. 하루에서 수십 번씩 두 단어를 듣고 말한다. 한번은 대마도에 단체 여행을 간 적이 있었다. 대마도에 작은 온천을 들렀는데, 온천을 마치고 나올 때 대여섯 살 정도의 어린 남자아이가 뛰다가 우리 일행의 발을 밟았다. 그 아이가 머뭇거리다가 뒤편에 서 있던 아버지의 손을 잡았다. 아버지가 바로 몇 발 뛰어와 그 일행에게 거듭 미안하다는 말을 했다. 그리고 잠시 후 차량에 가더니 아이의 엉덩이를 몇 차례 때리는 것이 아닌가. "실수를 하고 미안하다는 말을 못한 예의 없는 아이"라는 것이 체벌의 원인이었다.

우리나라에서 그런 상황이 벌어졌다고 생각해 보자. 발을 밟힌 사람은 "에이, 뭐야" 말을 하거나 그런 류의 표정을 지을 터. 만약 그 아이에게 뭐라고 한마디라도 하면 "아이가 그럴 수도 있지, 그렇다고 뭐라 하냐?"는 핀잔을 아이 부모에게 들을지도 모른다. 그 아이는 당연히 미안했을 것이다. 하지만 순간 어떻게 해야 할지 판단이 안 섰을 수 있다. '미안합니다'라는 말이 습관이 되면 발을 밟자마자 상대방의 기분이 나빠지기 전에 "미안합니다" 먼저 사과를 했을 것이고, 그 상대도 "네, 괜찮습니다." 넘어갈 수 있는 분위기가 형성된다.

미안합니다. 고맙습니다를 말할 경우, 대부분은 논리적으로 누가 옳고 그름의 문제가 아니다. 그냥 상황일 뿐이지만, 우리는 그 말에 너무 인색하다. 그러다 보니 때때로 고성의 말다툼이 벌어지기도 한다. 내지는 뒤돌아서 흉을 본다.

취업을 앞둔 한 후배가 물어왔다. "어떻게 하면 사회생활을 잘할 수 있나요?" "인사 잘하고, 잘 웃어라. 잘못한 일이 생기면 미안하다고 사과해라. 변명부터 하려고 하지 마라. 그러면 된다."

자주 지각을 하는 두 명의 사람이 있다. 한 명은 늦을 경우 "죄송합니다. 게을러서 늦었습니다."라고 말한다. 다른 사람은 "오늘따라 차가 많이 밀렸다." "아이가 갑자기 아파서…" "출근하려는데 갑자기 배가 아파서 화장실을 갔다가 늦었다." 등등 매번 변명을 한다. 직장 동료, 상사들이 누구를 신임하게 될까. 당연히 전자를 신임하고 책임 있는 일을 더 맡기게 된다.

고맙습니다. 미안합니다. 두 단어는 단순하지만 사람들의 마음을 움직이는 에너지를 가진 단어다. 우리가 일상화할 단어이기도 하다.

더불어서 집에 들어가고 나갈 때 아이들이 잠시 하던 일을 멈추고 인사를 하도록 습관 들이자. 내가 대접을 받기 위해서라기보다 자녀들이 사회에서 바른 대인관계를 가질 수 있도록 습관을 들이는 일이 거기에서 시작한다. 회사에 누군가 방문을 해도 자기 일에만 몰두하는 젊은이들이 많다. 한번은 관공서에 인연이 있는 과장을 만나기 위해 들렸는데, 입구에서 과장이 있는 자리까지 걸어가도록 20여 명의 직원 모두 눈길 한번 쳐다보는 사람이 없었다. 그런 사회적 분위기가 만연한 것이 요즘의 직장 모습이다. 가정에서부터 부모가 나고들어도 눈길을 줄 필요가 없던 아이들이, 직장에서라고 다를 것인가. 인사하는 습관을 어릴 적부터 교육받지 못한 우리 사회의 자화상이다.

집에서 인사하는 습관이 들어야 밖에서도 인사하는 습관이 생겨난다. 고맙습니다. 미안합니다 두 마디가 우리 사회에서 생활화되면 사회도 한층 밝아질 것이다. 물에 빠진 아이를 구해 준 사람에게 고맙다는 인사 한마디 없이, 아이를 붙잡고 무사한지를 확인하는 부모. 그리고 나중에 한참이 지나서야 "그때 고마웠다는 인사도 못했다"는 아쉬움을 토로한 보도가 있었다. 마음과 달리 몸에 습관이 배이지 않으면 그런 모습은 급한 상황에서 얼마든지 나올 수 있다.

한 선배가 자가용 수리를 맡겼는데, 몇 시간 후 차를 찾으러 갔다. 그런데 리프트 장비로 차를 들어 올리다가 그만 자가용이 엎어져 버린 사고가 생겼다. "저런, 다친 사람은 없었나요?" 부서진 차량을 앞에 두고 선배의 첫 질문은 안부였다. 그 말이 너무 고마웠다는 정비사는 이후 선배의 차에 대해서는 정말 열심히 보수를 해주며 10년의 인연을 이어 오고 있단다. 누구든지 그런 마음을 갖고 있을 것이다. 하지만 실상은 생각과 달리 "차가 얼마나 부서졌냐"는 말부터 나오는 것이 일반적인 우리의 모습이다.

고맙습니다. 미안합니다. 두 마디에서 우리 사회의 변화를 시작하자. 그 단어가 우리 사회의 분위기를 바꾸는 큰 에너지원이다.

참을 인忍 자 세 번이면 살인도 면한다

 운전을 하다 보면 다른 운전자와 시비가 생기는 일을 한두 번은 겪게 된다. 갑자기 차선을 끼어들어 위험한 상황에 놓이면 나도 모르게 열이 치받는다. 그런데 운전하다 보면 나도 다른 차의 진로를 갑자기 방해하는 일도 생긴다. 그럴 때 미안함이 들지만 상대방 운전자가 욕설을 하면 같이 욕을 하게 된다. 그 순간을 지나고 나면 금세 잊어버릴 일이지만, 때로는 이런 시비로 큰 싸움이 벌어지기도 한다.
 만약 시비가 붙어 폭력이나 어떤 처벌까지 간다면, 두고두고 얼마나 후회스러운 일이 될 것인가. 운전하다가 약간의 실수로 생기는 일을 사고가 난 것도 아닌데, 잠시 화를 참지 못해 더 큰 손실을 가져오니 말이다.
 참을 인 자 한자를 분석하면 재밌는 철학이 담겨 있다. '忍' 자는 칼날 인刃 자와 마음 심心이 합쳐진 글자다. 칼날 인 자는 칼 도刀 자에 점을 찍어 칼날의 방향을 표시한 글자. 칼날이 어디론가 향해 있는데, 그 밑에 마음을 담았다. 이 두 글자를 합쳐 '참다'라는 의미로 풀어 내고 있다. 칼이 향하는 방향이 상대방이 아니라 내 마음이어야 한다는 가르침이 담긴 한자다.

사람들은 누구나 원망하는 마음, 욱하는 마음을 지니고 산다. 인간이라 그렇다. 하지만 그런 마음을 당연하게 제어하는 마음의 수행도 필요하다. 모든 사람이 자신의 욕망대로만 산다면 이 사회는 유지될 수 없기 때문에 서로 양보하고, 나누면서 더 높은 차원의 행복과 만족을 얻을 수 있다.

고속도로에서 일어난 사건이다. 한 운전자가 갓길에 급히 차를 세우더니 뒤따르는 차량에게 서라는 손짓을 했다. 뒤차가 정차하지 않자, 이 운전자는 다시 차를 급하게 몰더니 그 차량 앞으로 끼어들어 1차선에서 급정거를 하고 차를 세워 버렸다. 뒤차는 다행히 급정거를 했는데, 그만 그다음 따르던 차량들이 연달아 사고를 일으켰다. 결국 추석을 앞두고 물류를 싣고 가던 트럭 운전자가 사망했다. 아무런 이유도 없이 고속도로에서 시비가 붙은 차량들에 의해 사고사를 당한 것이다. 사고를 유발시킨 30대 중반의 차량 운전자는 "순간의 화를 참지 못해" 일으킨 것이라고 뒤늦은 후회를 하지만, 죽은 운전자의 유가족에게는 씻을 수 없는 상처를 남겼다.

욱하는 성질이 없는 사람은 없다. 다만 그렇다고 해서 그 감정을 표현하는 방식은 저마다 다르다. 대부분의 사람들은 화나는 일을 참거나 잊어버리는데, 이는 오랜 시간 훈련을 통해 얻어지는 것이다. 상담 전문가들은 특히 어린 시기에 화를 조절하고, 참는 습관을 학습하는 것이 매우 중요하다고 말한다.

지방을 다녀오는 길에 한번은 졸음이 쏟아졌다. 겨우겨우 휴게소에 도착해 어렵게 빈자리를 발견하고 차를 주차한 다음 문을 열고 내렸다. 갑자기 옆 차량에서 문이 열리더니 20대 후반, 30대 초반쯤 된 여자가 "왜 남의 차를 건드려. 조심도 안 하고." 대뜸 소리를 질렀다. 처음엔 무슨 소린지 귀에 들어오지 않았다. '아, 내가 문을 열면서 옆 차에 닿았는가 보구나.' 하는 생각이 들어 "미안합니다." 말을 전했다. 그랬더니 그 여자가 더 앙칼지게 말은 던진다. 하도 어이가 없어 나지막한 목소리로 한마디 했다.

"그만해. 듣기 심하네." 그 말에 무슨 두려움을 느꼈는지, 여자는 황급히 문을 꽝 닫고 문을 잠그더니 조금 열린 창틈으로 또 한마디 던진다. 여자의 심한 말투에 순간 화가 났다. 문을 열고 뭐라고 해야 성이 풀릴 듯하다. 심호흡 세 번 하고, 참을 인 자 마음으로 한 번 그리고 '남편이랑 차에서 싸웠나 보다' 생각하고 지나쳐 버렸다. 그때의 화난 감정은 휴게소를 떠나 고속도로에 들어설 때까지 계속됐다. 그런 상황에서 어떤 사람들의 대응은 싸움으로 번질 성싶다.

화는 어른들만 내는 것이 아니다. "엄마 미워." 소리를 지르며 자신이 하고자 하는 것을 들어주지 않는 부모에게 심하게 반항하는 아이들이 있다. 놀이동산이나 시장에서 그런 아이들을 만날 때 부모의 행동을 보면 몇 마디 윽박지르거나 무관심으로 일관하는 모습을 보인다. 한번은 아이가 다른 사람들을 향해 울면서 소리를 지르는데, 부모는 저편에서 웃으면서 둘이 대화하는 모습을 본 적이 있다. 부부는 그런 일이 처음이 아니라는 듯, 그리고 자신들이 방법을 알고 있다는 듯 무관심으로 일관하고 있었다. 저 아이가 저런 방식으로 자랐을 때, 나중에 화를 조절할 수 있을까.

중국 여문의라는 학자가 한 날은 집에 돌아오던 길에 술 취한 과객을 만났다. 그가 여문의에게 행패를 부리자 주변 사람들의 눈이 여문의에게 쏠렸다. "술 취한 사람이니 놔 두거라." 후덕한 학자의 이미

제2부 하심하며 살자 69

지를 지키기 위해 그는 그냥 지나갔다. 1년 뒤 그 사람이 점점 술버릇이 나빠지더니 사람을 죽이고 사형을 당하게 됐다. 그때 여문의는 탄식을 했다. "내가 후덕해 보이려고 그를 그냥 보낸 것이 잘못이었구나. 그때 그에게 혼을 냈다면, 더 큰 재앙을 막을 수 있었을 텐데."

부모가 자식을 가르칠 때는 이 같은 가르침을 바탕으로 해야 한다. 지금의 잘못을 탓하는 이유는 나중에 더 큰 잘못을 저지르지 않도록 훈육하는 것이다. 그 아이를 그럼 어떻게 훈육하면 좋을까. 아이의 습관은 하루에 만들어진 것이 아니다. 부모에게서 오랜 시간 보고, 듣고 느낀 결과다. 우선 부모들이 "내게 어떤 문제는 없는가" 생활을 돌아보는 데서 시작해야 한다.

아이가 떼를 쓸 때는 꼭 껴안아 주라는 조언도 새겨들을 만하다. 무언가 욕구 불만에서 오는 생떼를 부릴 경우, 그 아이가 떨어지자고 할 때까지 꼭 껴안아 주라는 조언이다.

그네를 독점한 듯 타던 아이가 더 재밌어 보이는 놀이기구를 발견하면 언제 그랬냐는 듯 그네를 버리고 그 놀이기구로 뛰어간다. 무언가를 하고 싶다는 욕구를 사랑이라는 큰 품으로 품는다면 아이는 그를 포기할 줄 아는 습관을 익히게 된다. 매를 동반한 훈육은 불만이나 화를 폭력으로 푸는 습관으로 이어질 수 있다.

욱하는 성격을 스스로도 문제라고 할 정도의 사람이라면 매일 사경을 하는 습관을 권한다. 참을 인 자를 하루에 20번, 30번씩 쓰거나, 『명심보감』 등을 매일 조금씩 베껴 쓰는 습관이다. 익숙하지 않은 한자를 쓰려다 보면 적지 않은 인내심이 생겨난다. 그리고 그 인내의 습관은 생활에서 화를 참는 절제로 나타나기 마련이다.

참을 인 자 세 번이면 살인도 면한다는 속담은 조선 시대 맹인 점술가인 홍계관에서 유래됐다. 신비한 점술로 유명한 그에게 어느 날,

한 선비가 찾아왔다. "당신은 장차 천하에 이름을 크게 떨칠 것입니다. 그런데 자칫 실수로 사람을 죽이고 평생을 망칠 수 있소." 홍계관의 말에 선비가 물었다. "그럼 피할 방법이 없습니까." "집 곳곳에 참을 인 자를 써 붙이시오."

　선비는 훗날 점술가의 예언대로 유명한 학자가 됐다. 그런데 한날은 술에 취해 집에 들어오니 부인이 웬 사내와 자고 있는 것이 아닌가. 화가 치민 선비는 부엌으로 가 칼을 집어 드는데 '인' 자가 눈에 들어왔다. 그래도 분에 못 이겨 칼을 들고 나오다가 마루 기둥의 '인' 자를 보고 잠시 망설였다. 그래도 참을 수 없다는 생각에 다시 방문을 열려는 순간 또 '인' 자를 보고 잠시 망설였다. 그때 인기척을 느낀 부인이 방문을 열며 "지금 오셨어요. 먼저 잠 들었네요." 하며 맞았다. 선비는 아무 일도 없다는 투의 부인 말에 이상한 생각이 들었다. "옆에 자는 놈은 누구요?" 그러자 한 여인이 일어나 "형부, 오셨어요." 인사를 하는 것이 아닌가. 순간 선비는 식은땀이 흘렀다. 자칫 처제를 외간 남자로 오인해 둘 다 죽일 뻔한 것이었다. 훗날 정승이 된 선비는 후손들에게 항시 이르기를 "어떤 경우에도 화를 내기 전에 먼저 상황을 파악하라."라고 훈계했다.

　아차산이란 이름은 그 홍계관에서 유래했다. 유학자들의 입장에서는 명리학이니 무속이니 하는 말들이 고깝지 않았던 터라. 홍계관의 명성을 들은 조선 임금 명종의 눈에는 유학에 반하는 점술이 미신에 지나지 않았다. 명종은 미신을 바로잡겠다며 쥐 두 마리를 상자에 가둬 놓고 목숨을 담보로 홍계관에게 무엇이 들었는지 물었다. 홍계관이 "쥐 세 마리가 들어 있다."라고 하자 명종은 "쥐 두 마리다."라며 그를 사형에 처하도록 했다. 그런데 얼마 시간이 지나, 혹시나 싶어 다시 상자를 열어 보니 쥐 한 마리가 새끼를 낳아 세 마리가 된 것이 아닌가. 명종은 '아차' 싶어 사형을 멈추도록 사신을 보냈다. 하지만 언덕 넘어 급히 달려오는 사신을 본 집행관이 처벌을 늦게 집행한 것을 책망 받을까 두려워 급히 목을 베어 버렸다고 한다. 이후 사형을 집행했던 곳이 '아차' 하는 순간 목숨을 잃은 곳이라고 해서 아차산으로 불려지고 있다. 모두가 순간의 화로 인해 잘못된 판단으로 빚어진 결과다.

화는 위험하다. 자신의 건강에도 위험하지만, 사회에도 자칫 파장을 일으킬 수 있다. 화를 참는 것은 스스로의 문제가 가장 크다. 같은 상황이지만, 누구는 그 상황을 피하고 누구는 참으며, 누구는 분출한다.

화를 참는 교육은 어릴 때부터 시작해야 한다. 그것은 바로 가정이다. 2000년대 들어 새로 명명된 질병으로 ADHD라는 병이 있다. 주로 아동에게서 나타나는데 화를 조절하지 못하고 과잉 행동 반응을 하는 증세를 말한다. ADHD를 겪는 아이들 가운데 대부분의 아동은 어느 연령이 되면 그런 행동이 변화되는데, 일부는 지속적으로 과잉 행동이 나타나 학교 생활에서도 큰 곤란을 겪는다.

그런데 재밌는 사실은 그 질병이 과거에는 병이 아니었다는 것이다. 때때로 과잉 행동을 보이는 아이들이 있어도, 또래 아동과 놀이를 하고 집에서 형제들과 자라면서 자연스럽게 그런 행동이 조절돼 왔다. 그런데 요즘은 한 가정 아이들이 늘어나면서 과잉 행동을 부모가 느끼지 못하면서 영유아기를 지나쳐 버리게 된다. 이후 어린이집이나, 특히 학교에 갈 나이가 되면서 ADHD 증세로 인해 여러 문제가 터져 나오게 된다. 그리고 그런 아이들이 날로 늘어가고 있다고 한다.

한 정신과 전문의와 만난 자리에서 이 문제가 화제가 됐다. 그는 '묻지 마 살인'의 확률이 저소득 가정 아동보다 중산층 이상 가정의

ADHD를 겪은 어린이가 성장한 이후 나타날 가능성이 높다고 판단했다. 저소득 가정 아이들은 오히려 어려서부터 욕구를 조절하는 습관을 갖게 된다. 하지만 중산층 가정의 아동, 특히 혼자 자란 아동들은 욕구의 불만을 과도하게 해결하는 습관을 지닐 수 있다는 것이다.

화를 참는 교육을 하자. 그 교육은 특성상 가정에서 이뤄져야 할 교육이다. 사회 구성원의 다수가 화를 참을 수 있는 사회가 안전한 사회다.

"인간은 노력하는 한 방황한다." (괴테)

지금 힘들고 괴로운가. 그렇다면 나는 지금 노력하고 있다는 뜻이다.

정월 대보름은 왜 국가 기념일이 아니지

　우리나라의 국가 기념일을 한번 생각해 보자. 우선 음력 1월 1일, 설날을 맞아 3일간의 국가 기념일을 시작으로 추석 3일간 국가 기념일이다. 많은 사람들이 고향을 찾아 이동하는데 따른 정치적 배려일 것이다. 또 부처님 오신 날, 크리스마스가 국가 기념일이다. 그리고 삼일절, 어린이날, 한글날 등 국가적인 행사를 기념하는 날들이 휴일로 지정돼 있다.
　그런데 휴일의 의미는 무엇인가. 하루 쉬면서 국가적으로 의미 있는 날을 기억하라는 의미일까? 거의 모든 집안에서 차례를 모시는 설날, 추석날은 그렇다 치고, 불자에게 크리스마스가, 기독교인에게서 부처님 오신 날 휴일은 어떤 의미로 다가올까? 어린이가 없는 가정에서 어린이날은 꼭 휴일이어야 하는가. 그냥 질문을 던져 본다.
　가끔 이보다 정월 대보름, 단오날은 왜 휴일이 아닐까 생각한다. 과거에 이 날은 농가에서 일을 하지 않고 동네 사람들이 모여 즐기면서 노는 날이었다. 조선 시대 방식의 휴일이었던 것이다. 정월 대보름이면 집집마다 오곡밥을 짓고 부럼을 깨면서 한 해의 안녕을 기원했다. 그리고 사람들은 윷놀이를 하면서 본격적인 농번기를 앞두고 즐거운 하루를 보냈다. 위에서 열거한 현대의 국가 기념일이 자기 집안의 차례를 모시거나 종교적 선택이 같은 사람들을 위한 배려라 치면 지나친 말일까.

오히려 공휴일은 집단이 함께 단체놀이를 하고 만나는 날로 해야 하지는 않을까.

나는 몇 년 전 우연하게 민속놀이인 윷놀이에 관심을 가지면서, 관련 단체를 만들어 활동하고 있다. 포항시민속윷놀이협회 기획이사로 활동을 하면서 2023년에는 포항 지역 청하면과 신광면, 송라면 세 마을의 주민들이 참여한 가운데 민속 윷놀이를 개최했는데 참여도가 생각보다 매우 높았다.

주민들이 모이니 이강덕 포항시장을 비롯해 많은 정치인도 자리를 함께했다. 특히 포항 북구 김정재 국회의원의 축사가 본 대회 취지를 잘 전하고 있어 소개한다.

"윷놀이는 4개의 윷가락을 던지고 그 결과에 따라 말[馬]을 이동시켜 승부를 겨루는 전통 놀이입니다. 성호 이익은 '고려의 유속'이라 했고, 육당 최남선은 '조선 특유 민속'이라 했으며, 단재 신채호는 '부여'에 그 기원을 두었으며, 더불어 말하기를 부여의 사출도 전통이 윷에 투영되었다고 했습니다. 윷의 기원에 대해 의견은 분분하나, 공통적으로 우리 민족의 전통 놀이라는 점은 분명합니다.

우리의 아름다운 전통문화를 이어 가고자 하는 여러분들의 마음은 머지않아 우리 포항이 전통문화와 그 속에 깃든 우리 조상의 정신을 계승하고 발전시키는 예향의 고장으로 찬란하게 꽃피우는 데 큰 힘이 될 것으로 확신합니다. 우리가 계승 발전시켜 가는 고유의 향토 민속이야말로 앞으로 우리 시의 가장 값진 무형 자산이 될 것으로 믿어 의심치 않습니다.

이기주의와 물질만능주의가 팽배해져 가는 현대 사회에서 가장 필요한 것은 공동체 정신입니다. 우리 조상들이 즐겼던 전통 놀이, 윷놀이에는 오늘날 우리 사회에 필요한 소통, 화합, 상생의 정신이 담겨 있습니다. 시민 여러분들께서도 전통 놀이를 즐기시면서, 그 안에 담긴 조상들의 아름다운 정신문화를 함께 느끼는 뜻 깊은 시간을 보내시길 바랍니다."

윷놀이 문화에 내포된 힘은 바로 이런 데 있다. 단순하게 승부를 겨루는 게임이 아니라 건강과 만남, 기쁨과 화합을 만들어 주는 장이 아닌가. 서로 배려하고 협동하는 마음을 일깨워 주는 공동체 문화가 윷놀이에 담겨 있다.

정월 대보름날에 먹는 오곡밥도 한 해의 화합과 나눔을 기원하는 마음이 깃들어 있다. 농번기를 앞두고 있는 집은 더 풍족하게 오곡밥을 지어 소작농에게 넉넉히 나눠 주며 하루를 보냈다. 한 해 건강을 기원하는 오곡밥은 찹쌀과 조, 수수, 팥, 콩 다섯 가지 곡식을 섞어 만드는데, 모두가 한 해의 곡식 농사가 잘되기 바라는 의미를 담고 있다. 한편으로 인체에 필요한 탄수화물과 지방, 단백질 성분이 담긴 곡식과 비타민 등이 풍부한 나물을 먹음으로써 겨우내 부족한 먹거리로 인한 몸을 회복하라는 의미도 담고 있다.

이날 먹는 부럼은 특히 지방 성분이 많아 몸의 건강을 회복하는데 적지 않은 역할을 하는 곡식이다.

언젠가는 정월 대보름이나 단오처럼 주민들이 함께 모여 즐기는 날이 공휴일이 되기를 바란다. 그래서 이날은 모든 사람들이 한자리에 모여 화합하고 정을 나누며 '우리'를 회복하는 날이 되었으면 한다. 어찌 보면 이날이 가족 간 행사를 치르는 설날이나 추석보다 지금의 우리 사회에 더 필요한 날은 아닐까.

전국 체전에 버금가는 전국적인 윷놀이 대회가 열리는 날을 상상해 본다. 한쪽에서는 달보다 훤한 달집이 타오르고, 아이들 손마다 양철통 가득 쥐불을 놓는 그런 행사 말이다.

암기력보다 인성이 좋은 사람

　누군가에게 아버지나 부인, 자녀의 핸드폰 번호를 물어보자. 가족의 핸드폰 번호를 모두 외우고 있는 사람이 몇 프로 정도 될까?
　핸드폰이 보급되기 이전인 1990년대 중반 이전으로 돌아가서 생각해 보면, 당시는 적어도 수십 개의 전화번호를 외우고 지냈다. 그래야 공중전화 앞에서 줄서서 기다리다가 뒷사람의 눈총을 받지 않고 전화를 걸 수 있었다. 손바닥에 들어갈 크기의 작은 전화번호부 수첩도 지니고 살았다.
　약속을 정할 때도 지금의 문화와는 많이 다를 수밖에 없었다. 어디 무슨 건물 앞에서 ㅇㅇ일 몇 시에 만나자. 약속을 하고 나서 정해진 시간에 가면 꼭 두어 명은 아직 도착하지 않는다. 코리안 타임, 또는 ㅇㅇ타임이라고 부르면서 2~30분을 기다리는 것은 일상이었다. 그 사이 시간을 맞춰 온 친구들끼리 매번 늦는 친구를 뭐라 하기도 하지만 우리들 이야기를 하면서 그를 기다렸다. 하지만 그 시간을 크게 지루해하진 않았다. 어차피 우리는 만나고 있지 않은가.

그런데 핸드폰이 보급되고 나서 이런 만남의 문화는 완전히 변화했다. 조금 늦는 것을 기다리지 않아도 된다. 이동을 하게 되면 실시간으로 위치를 알려줄 수 있기 때문이다. 핸드폰이 보급되고 전화번호 저장 기능이 생기면서 일어난 변화다.

부모가 원하는 우리나라의 대표적인 직업은 판검사일 것이다. 그런데 십수 년 전 법학 관련 교육 과정의 변화를 보면서 적이 놀란 경험이 있다. 과거에 법률가가 되려면 두터운 법전을 달달 외워야 가능했다. 다른 분야의 학문도 같았다. 누가 더 많이 외우느냐에 따라 성적이 매겨지던 시대였고, 기억력이 좋은 사람이 존중받을 수밖에 없었다.

그런데 컴퓨터가 나오고 인터넷이 생겨나면서 '단순 암기' 교육의 한계가 다가왔다. 기본 지식을 바탕으로 이를 현상에 적용시킬 수 있는 능력, 즉 창의력이 점점 중요해지고 있다. 또한 정보를 분석해 내게 필요한 것을 빠르게 뽑아내지 못하면 현대 사회에서 도태되는 것이 당연시된다.

역사적으로 볼 때 조선에서 사회 지도층으로 나가기 위해서는 한문뿐 아니라 여러 유학 서적의 문장을 통째로 외워야 하는 '암기력 좋은 사람'이 성공하는 사회였다. 이해력이 좋은 사람은 빛을 발하지 못했다. 사서삼경에 공자 맹자의 언행을 모두 한문으로 외워야 학자로 인정을 받고, 관직에 나갈 수 있었다. 만약 조선 시대에 컴퓨터가, 인터넷이 있었다면 '암기 잘하는 사람이 성공하는 시대'가 이어질 수 있었을까?

1980년대까지도 이같은 현상은 지속됐다. 그러다가 변화가 시작된 것은 1990년대 들어서였다. 소위 X세대 이후의 일이다. 대학입시라는 문을 넘기 위해 무조건 암기력 싸움을 해야 했던 X세대는 암기력 순으로 성적과 사회적 성공을 보상받는 세대였다. 그런데 1990년대 중반, 즉 X세대가 대학을 졸업할 무렵부터 컴퓨터가 보급되고 2000년대 들어서면서 인터넷이 빠르게 보급되자 X세대의 학습 방식은 천덕꾸러기가 됐다. 핸드폰이 전화 기능을 넘어 스마트폰으로 진화하며 어디서든 빠르게 정보를 찾을 수 있는 시대가 오면서 그들의 무기라 할 수 있는 암기력은 무장 해제된 것이다.

어느새 뛰어난 암기력을 가진 사람은 술자리에서 "내가 왕년에~"를 잘 기억하는 꼰대로 전락할 가능성만 높아졌다.

암기력과 판단력은 반비례해 발달한다고 한다. 많은 것을 암기해서 기억한다는 것이 판단력이 높다는 것은 아니라는 의미다. 두뇌의 다양한 부분이 암기력 판단력 응용력 등을 담당하는데, 암기력이 발달하면 그와 반비례해 다른 부분은 부족할 수 있다는 것이다.

이제는 우리가 더 이상 수십, 수백 개의 전화번호를 외울 필요는 없어졌다. 핸드폰에서 이름을 검색하면 바로 번호를 알 수 있기 때문이다. 그러면 우리는 그 암기를 하는 대신에 무엇을 해야 할까. 바로 사람의 이름을 기억하고 그 사람과 기억을 떠올리면서 대화를 이어 가면 된다. 더 풍부한 대화를 이어 가면서 사람과 깊게 알게 되고, 그런 속에서 단단한 인맥을 쌓아 가는 것이 전화번호 암기보다 더 중요해진 사회다.

학교에서 교육 방식도 많은 변화가 있다. 암기력 중심의 교수법을 대신해 다양한 상황을 이해하고 해석하는 것이 더 중요해졌다. 여기에 더해 우리는 인성 교육에 더 많은 관심을 가져야 한다. 학업 성적을 중요하게 여기던 인식은 저출산 시대와 함께 차츰 줄어들 것이다. 이미 과거 대학 입학을 위해 치열했던 시대와 달리 마음만 먹으면 누구나 대학을 갈 수 있는 시대가 오지 않았는가. 청소년들이 자신이 하고 싶은 일을 찾고, 그 일을 같이 도와주고 만들어 갈 사람들을 품을 수 있는 인성이 더 중요해졌다.

일제 강점기 한 판사가 사형을 선고하고, 그 죄책감에 판사를 그만두고 출가해 스님이 되었다. 그는 순천 송광사로 출가해 한국 불교계에 큰 발자취를 남기면서 많은 후학을 배출했다. 이처럼 머리 좋은 사람보다 인성이 좋은 사람이 사회에 끼치는 영향력이 더 크지 않을까.

뉴스를 보면 매일 반복되는 보도가 정치 집단의 혈투, 사회의 문제에 치중돼 있다. 그러다가 간혹 감동적인 행동을 보여 주는 기사를 보면 더 많은 사람들이 호응하고 열광하는 것을 종종 목격하게 된다.

우리 사회가 냉철한 지식, 뛰어난 암기력을 가진 사람들이 성공하는 사회가 아닌, 따뜻하고 인간적인 사람들이 성공하는 사회가 되어야 한다. 그런 사회가 더 행복하기 때문이다.

암기력보다 인성이 좋은 사람이 성공하는 사회를 위해 나는 지금 어떤 마음으로 다른 사람들을 대하고 있는가 생각해 본다.

젊은 세대를 보며 한마디

MZ세대를 소재로 한 유튜브 가운데 주현영 배우가 사장을 면접 보는 내용을 보고 한참을 웃었다. 주현영은 아르바이트생이다. 그런데 업체 사장이 그를 면접 보는 것이 아니라 주현영이 세 명의 사장을 앞에 두고 면접을 본다. 아르바이트생을 구하기 힘들어 하는 사장들에게 주현영은 "내게 해줄 수 있는 것이 무엇이냐"라고 묻는다.

황당하면서 재밌는 구성에 그때는 웃어넘겼는데, 곰곰이 생각하면 생각할 것이 많은 영상이다. 우리 관념으로 보면 당연히 경영진이 회사에 맞는 인재를 찾기 위해 면접을 본다. 면접자는 어떻게든 경영진에게 잘 보이기 위해 언어도 조심하고 말 한마디 신경을 쓰게 된다. 그런데 주현경을 내세운 MZ세대는 다른 질문을 던진다. 나의 발전을 위해 이 회사가 무엇을 해줄 수 있느냐는 질문이다. 이 한마디에서 세대의 변화를 알 수 있다.

그런데 오랜 기간 직장 생활을 한 내 지난 시간을 돌아보면 이 질문이 잘못된 것은 아니라는 결론이다. 회사가 매달 급여를 통해 내 가정을 유지할 수 있게 도움을 줬지만 한편으로 나는 회사를 통해 성장할 수 있었다. 만약 다른 회사였다고 하면 나는 지금 어떤 모습일까 생각해 보면 MZ세대의 당당한 면접 태도에 수긍이 간다. 이 회사가 내가 원하는 것을 줄 수 있는 곳인가, 내가 추구하는 것을 할 수 있도록 기회를 줄 수 있는가.

아주 활동적인 사람이 약사라는 직업을 선택했다고 하자. 약사는 매일 같은 공간에서 약을 조제하고, 사람들을 상대해야 한다. 아무리 보람이 있고, 사회적 대우를 받는다고 해도 여행 전문가가 그 일을 할 수 있을까. 좋은 직장 상사를 만나 업무를 배우고, 나의 역량을 높여 줄 수 있는 기회를 얻는 것이 바로 직장 생활이 아닐까.

한번 사는 인생, 네가 하고 싶은 일에 마음껏 도전하라. 젊은 세대에게 하고 싶은 말이다.

내 안사람은 간호사로, 시청 보건소에서 일을 했다. 그 영향일까, 작은 아이가 간호사로 활동하고 있는데 아픈 환자를 상대한다는 것은 고달픈 일이다. 하지만 그 일을 천직으로 알고 열심히 역할을 하고 있으니 얼마나 고마운 일인가. 아버지의 마음으로 한가지 바라는 것이 우리 아이가 좋은 의사와 동료 간호사들을 만나 더욱 보람을 갖고 일을 하는 것이다. 만약 돈만 밝히면서 환자들을 제대로 돌보지 않거나, 함부로 동료를 대하는 곳이라면 아무리 보수가 높다고 해도 누구라도 그곳에서 일을 하기 싫어질 것이다. 또 서로가 성장할 수 있는 프로그램을 갖춘 곳이라면 금상첨화다. 그래서 그곳의 직장 문화가 중요하다.

이런 역지사지의 마음으로 본다면 앞서 주현영 배우가 아르바이트 구직자로 나와 사장을 면접 보는 영상이 MZ세대의 솔직한 마음은 아닌가 생각이 든다.

고달프니까 청춘이라는 말이 있다. 미래에 대한 고민, 현실의 어려움을 모두 안고 살아야 하는 시기가 청년기다. 힘들 때면 사진을 보라고 권하고 싶다. 요즘은 사진이 디지털로 저장돼 있어 컴퓨터를 열어 보면 차곡차곡 쌓인 지난 삶을 손쉽게 볼 수 있다. 그 안에서 해맑은 모습으로 아버지 어머니, 동생이나 혹은 언니와 찍은 사진을 보면 추억과 함께 행복이 밀려온다.

인생은 언제나 슬픔과 기쁨이 교차하면서 찾아온다. 마치 산을 오를 때 힘든 껄떡고개를 지나고 나면 사방이 탁 트인 정상에 서게 되는 것과 같다. 가파른 언덕을 오를 때면 언제 이 언덕이 끝날지 가늠도 안 되고 숨이 목까지 차오르지만, 묵묵히 그 시간을 견디고 나면 생각도 못했던 행복이 밀려오는 것이 세상의 이치다.

힘들 때 옛 추억이 담긴 사진은 다시 한 발 앞으로 내딛을 수 있는 힘을 준다. 그 한 장의 사진 안에 가족들의 사랑이, 친구들과의 우정이 녹아 있는 까닭이다.

우리 젊은 세대들이 아프지 않으면 좋겠지만, 내 인생을 돌아보면 늘 아프고 힘들고, 또 다른 한편은 행복했다. 아무리 부자라고 해도 이런 인생의 과정은 동일하다. 그래서 나는 젊은 세대들에게 아파하지 않으면 좋겠다는 말보다 좌절하지 말라고 말하고 싶다. 어떤 힘든 일도 성실하게 한 발 한 발 극복해 가면 반드시 좋은 일이 온다. 단 좌절해서 더 앞으로 나가지 못하면 그런 행복은 오지 않는다.

배려의 문화

내가 잘 아는 지인은 담배를 즐겨 피우고 산다. 그러다 보니 종종 비난의 대상이 되곤 한다. 언제부터인가 우리 사회에서는 담배를 피우는 것 자체가 "남의 건강을 방해하는 사람"으로 낙인 찍히게 됐다.

예전 대구역에는 광장 가운데 유리벽으로 된 흡연실이 있었다. 4~5평 크기의 공간은 사방을 투명한 유리로 꾸며 놨는데, 그러다 보니 담배를 피우는 사람들을 광장 가운데 가둬 놓고 외부에서 구경하는 것마냥 느껴진다. 불쾌한 흡연 공간이다. 더 심한 것은 한여름이면 유리벽을 통해 햇볕이 내리쬐다 보니 숨이 턱턱 막힌다. 땀은 줄줄 흐른다. 두서너 시간 기차를 타고 밖으로 나와 마주하는 흡연 공간은 즐거움의 공간이 아니라 감옥 같은 곳으로 여겨진다. 안 그래도 더운 대구 아닌가. 적어도 그 공간을 설계한 사람의 의도나 배려심에 대해 한번 생각해 보게 하는 공간이다. 나 같은 사람이 적지 않은 까닭인지, 얼마 지나지 않아 그 흡연실은 다르게 교체됐다.

우리의 외식 문화가 변화하고 있다. 저녁에 어린아이들을 데리고 식당을 찾는 사람들이 늘고 있다. 그런데 단순히 밥집만 찾는 것이 아니다. 젊은 주부들이 어린아이들을 데리고 술집을 찾아 안주와 술을 마시는 경우도 종종 있다.

한번은 지인들과 동네 통닭집을 찾아 야외에 몇 개 펴놓은 파라솔에 자리를 잡았다. 술 한잔 나누면서 사는 이야기도 하고, 담배도 여유롭게 피우려던 계획은 금세 무산되고 말았다. 쾌적한 실내도 있건만 굳이 차도가 인접한 야외 테이블에 앉는 이유는 무엇일까. 두 젊은 여성이 세 명의 어린아이들과 옆 테이블을 차지하다 보니, 담배를 피우기가 곤란했다. 옆 테이블에서 중년의 남성이 담배를 피우자 젊은 여성들은 "왜 아이들이 있는데 담배를 피우냐"라고 항의를 한다. 솔직히 왜 실내에 들어가지 여기 앉느냐고, 최소한 야외는 애연가들에게 배려해야 하는 것 아니냐고 하고 싶지만, 참을 수밖에.

모든 사람들은 자신들이 좋아하는 일을 하고 싶어한다. 먹거리 문화도 마찬가지. 통닭과 맥주 한잔 기울이기 위해 아이들을 데리고 술집을 찾는 것까진 좋다. 아이들을 위험한 차도 가까이에 내몰면서 굳이 불쌍한 흡연자들에 대한 배려도 않는 것. 이것도 이기심 아닐까.

그들도 즐겁게 술과 담배를 함께 즐기고 싶어 고르고 골라, 야외 공간에 자리를 차지한 것이다. 담배가 좋지 않다는 당위성만 내세우기 이전에, 그들에 대한 배려도 필요하지 않을까.

별로 공감대를 얻지 못할 수 있는 주장이겠지만, 애연가로서 '이 공간은 당신이 배려해 주세요'라고 말하고 싶을 때가 종종 있다.

우리 사회에 배려가 필요한 계층이 있다. 장애인을 비롯해 사회적으로 소수를 차지하는 사람들이다. 일례로 오른손잡이가 왼손으로 가위질을 하는 것은 거의 불가능하다. 가위 자체가 오른손으로 자르게 만들어져 있기 때문이다. 왼손잡이를 위한 마우스, 자판기도 있다. 그 마우스를 오른손으로 사용하려면 매우 불편하다. 버스를 장애인이 이용하는 것이 거의 불가능할 정도로 우리 사회에서는 배려의 문화는 부족하다. 공동 주택이나 상점 등에 턱을 만드는데 있어 아무런 생각을 갖지 않는다. 습관대로 움직이고, 빠름의 문화를 추구하다 보니, 느리게 가야 하는 사람들을 배려하지 못한다. 그리고 '내가 옳다' '다수가 정의다' 라고 말한다.

민주주의 사회는 다수가 정의인 사회여서는 곤란하다. 모두를 위한 최대한의 정책과 제도가 마련되는 사회여야 한다. 때론 소수를 위해 다수가 조금 불편할 수 있는 사회여야 한다.

우리 사회는 배려에 대한 교육에 그동안 무관심해 왔다. 내가 잘사는 길에 매진했고, 우리 자식이 사회적으로 성공하는데 열성을 보여 왔지만, 우리가 함께 가는 길에 대해서는 무심했다. 역사적으로 폐허가 된 나라가 발전하기 위해서는 사회 곳곳을 배려하는데 의도적으로 무관심해야 했을지도 모른다. 1970년대 신문의 지면은 경제 성장도를 앞다퉈 홍보하지 않았던가. 매년 10%대의 고성장보다 조금 성장률이 느리더라도 함께 가는 문화를 만들지 못했다. 그렇다 보니 배려는 사회적 학습 덕목이 되지 못했다.

배려는 상대적 개념이다. 한쪽의 희생을 강요해서는 안 된다. 흡연자들이 비흡연자를 위해 배려하고, 비흡연자들은 흡연자를 위해 최소한의 배려를 하는 문화, 일반인들이 장애인을 위해 공간을 설계하거나 공공시설을 꾸미려는 배려의 문화가 아쉽다. 성적 소수자들에 대해 비난을 한다. 그들이 우리 사회에 어떤 악영향을 주는가를 먼저 따져야 할 것인데, 그냥 내 감정에 거슬리거나 내 눈에 보기 싫은 모습에 우리는 분노한다. 내 귀에 거슬린다는 이유로 상대를 공격하거나 비난하는 경우도 잦다. 귀와 눈은 잠시 그 공간을 떠나면 아무런 기억도 하지 못한다.

약간 다른 개념의 배려를 하나 이야기하고자 한다. 점심시간 삼삼오오 모여 식당을 가다 보면 각종 전단지를 건네주는 사람들을 만나게 된다. 주로 노인층이다. 대부분은 그 종이를 무시하고 간다. 다른 눈으로 그들을 한번 바라보자. 전단지 수백 장을 돌리고 나서 노인들이 받는 금액은 불과 2~3만원이다. 그 돈을 벌어야 그분들은 하루의 삶을 해결할 수 있다. 맛있는 식단을 찾아 식당가를 찾으면서, 그 노인들의 하루 끼니를 외면하고 우리는 가던 길을 간다. 그 종이 한 장을 받아드는 것은, 그 노인분의 한 숟가락 식사를 전하는 것과 같다. 내 손이 잠시 불편해지는 배려를 우리는 하지 못한다.

아침에 눈을 뜨는 순간부터 저녁에 잠들기까지 우리는 많은 사람을 접하고 산다. 모든 사람이 우리가 배려하면서 살아가야 할 이웃이다. 배려는 한쪽의 문제가 아니라, 양쪽의 문제다. 서로 배려하는 문화가 우리 사회에 널리 퍼질 때, 서로가 행복할 수 있게 된다. 학교에서, 사회에서 배려를 가르쳐야 한다. 그리고 우리 기성세대는 스스로 배려의 마음을 종교를 통해, 책을 통해, 좋은 강의를 통해 배워야 한다.

제사

 단일 민족은 같은 영역에서 생활하면서 같은 언어, 같은 문화를 지닌 민족을 말한다. 중국이나 러시아처럼 지역별로 다른 언어와 문화를 지니면서 같은 국가라는 테두리에 있기도 하지만 우리나라는 한반도라는 공간에서 같은 언어체계와 문화를 지니고 살고 있다.
 단일 민족은 강한 단합력을 지니는 장점도 있지만 때로는 이질적 문화에 대한 강한 거부감으로 인해 문제가 생기기도 한다. 대표적인 것이 유교적 제사 문화다. 천주교가 처음 우리나라에 들어와서 박해를 당한 이유는 제사를 거부한 데서 시작했다. 그런데 몇 번의 박해를 지나고 나서 천주교는 중국과 우리나라의 문화적 차이를 인정하고 제사를 허용했다. 이로 인해 박해도 사라지고, 제사 문제는 더 이상 사회적 논란이 되지 않았다.
 하지만 개신교가 미국을 통해 건너오면서 제사 문제는 서서히 우리 사회의 갈등 요소로 번져 갔다. 해방 직후 신도수가 전 국민의 불과 1%도 채 되지 않던 개신교가 이승만 정권 시기 급성장을 거듭하면서 점차 영향력을 높여 갔다. 종교적 가르침은 궁극에 같은 선을 지향하고 있다고 하지만 서구의 문화를 종교적으로 강요하는 행동은 가족 간의 갈등을 일으키곤 했다. 절을 할 수 없고, 제사라는 행위가 미신, 유일신 사상에 위배되는 것이라는 사고로 인해 적지 않은 가정에서 갈등이 빚어지고 있다. 물론 모든 개신교 단체가 다 그런 것은 아니다.

이쯤에서 절을 하는 동양의 문화, 악수 문화 등에 대해 생각해 보자. 서양은 불과 16세기까지만 해도 유목을 주로 한 민족이었다. 지속적인 이동을 하는 문화다 보니 신발을 신고 침대에서 자는 것이 자연스러웠다. 길에서 만난 사람들에 대해 인사를 나누지만 한편으로는 경계심을 늦출 수 없다. 자연히 한 손으로 악수를 나누지만 다른 손은 혹시나 모를 돌발의 상황에 대처할 수 있도록 자유로워야 했다. 마치 일본에서 항상 빨리 도주할 수 있도록 신발은 바깥을 향해 놓는 것처럼 말이다.

반면 농경이 정착된 동양에서는 상대에 대해 극진한 예를 올리는 문화가 발전했다. 그 하나가 바로 절 문화다. 가장 낮은 곳, 즉 바닥에 이마를 대면서 나 자신을 낮춰 상대를 존중하는 인사법이 바로 절인 것이다. 절을 하는 문화가 결코 어떤 신에 대한 믿음 행위가 아니다. 장례식을 찾아 절을 올리는 것은 타계에 들어가는 분에 대한 극존중의 행동이다. 목례를 통해 예를 갖추는 것은 절을 할 수 없는 상황에서 하는 형식의 예법이다. 둘의 차이점을 굳이 살핀다면 온돌 문화 민족과 유목 민족의 습관에 대한 차이에 불과하다는 것이 나의 생각이다.

우리 집은 유교적 관습에 따른 제사를 충실히 지내고 있다. 하지만 매번 제사 때마다 달라지는 사회적 분위기에 눈치를 보곤 한다. 불과 십여 년 전만 해도 제삿날 당연히 음식을 정성스럽게 차리고 가족들이 모두 모여 조상을 기렸다. 그런데 최근 들어 누가 혹시 교회를 다닌다고 이를 거부하지는 않을까, 그러면 어떻게 설득할까 하는 생각을 하곤 한다. 혹시 며느리가 강하게 제사를 거부하면 어떡하냐는 고민은 내 또래 많은 친구들이 갖는 생각이기도 하다.

과거처럼 이동이 자유롭지 않던 시절, 종교는 문화와 밀접한 관계를 갖고 있었다. 종교적 영향을 받아 문화가 성장했고, 문화적 기반 위로 종교도 변화를 했다. 그런데 세계의 교류가 활발해지면서 이런 흐름이 깨지고, 다른 문화를 강요하기 위한 수단으로 종교적 잣대를 들이대면서 갈등을 일으키는 일이 적지 않게 발생하고 있다. 행복한 삶을 위한 문화와 종교, 사회가 아니라 집단의 주장을 위해 개인의 행복을 강제해서는 안 될 일이다.

조선의 멸망과 함께 유교는 실패한 이념, 극복해야 할 대상으로 전락해 버렸다. 성리학의 지나친 구분, 남녀와 신분 등에 대한 부정적 요인이 가져온 당연한 결과일지도 모른다. 그렇다고 성리학에서 만든 문화조차 버려야 할 것은 아니다. 우리가 살아 있는 사람들에 대해 매년 돌아오는 생일을 기억하고 축복해 주듯, 돌아가신 선조의 기일에 후손들이 같이 모여 그 음덕을 돌아보는 것은 아름다운 문화다.

먹거리가 늘 부족하던 시절, 제사는 오히려 반가운 일이었다. 평소에 김치와 밥이 전부이던 밥상에 다른 반찬이 몇 가지 같이 올라오는 날이기 때문이다. 염불보다 잿밥에 더 관심을 갖는다는 말이 그리 틀린 말도 아니다. 천천히 진행되는 제사 의식을 지켜보면서 어린 마음에 '어서 제사가 끝나야 저 음식을 먹을 텐데…' 생각을 한 사람이 어디 나뿐이겠는가. 하지만 먹거리가 풍부해지면서 제삿날을 기다리던 동심도 변화한 지 오래다.

  제사는 괴롭고 귀찮은 일이 아니라, 가족이 함께 모여 동질감을 느낄 기회이기도 하다. 이 문화가 당당하고 자랑스럽게 이어지길 바란다. 생각이 바뀌면 내가 그르다고 생각했던 것도 이해가 되고, 내가 옳다고 여겼던 주장에도 부실함이 있음을 알게 된다. 그것이 성숙한 삶을 위한 바탕이 아닐까.

하심下心하며 살자

많은 국민들의 뇌리에 남은 갑질을 꼽으라면 대한항공 재벌 3세의 모난 행동을 떠올린다. 남편과 불화를 겪은 때문인지, 아니면 평소의 인성인지 모르지만 그녀는 "승무원이 땅콩을 제대로 접대하지 않았다"는 이유로 비행기를 회항시키는 사태를 일으켰다.

또 다른 갑질 사건으로 기억나는 것은 비행기에서 승무원에게 라면을 끓여 달라고 주문하고, 라면이 맛이 없다고 생떼를 부린 한 회사 중역의 이야기다. 비행기에서의 난동으로 인해 그 중역은 미국 입국도 못하고 귀국한 후 회사를 이직해야 했다.

난 두 사건의 당사자를 옹호할 생각이 전혀 없다. 잘못된 행동을 했을 뿐 아니라, 그 행위를 하는 과정을 보면 한두 번 그랬던 것이 아닐 거라는 추측을 하게 한다. 일터에서 높은 의자에 앉아 비서진을 평소에도 그리 다뤘을지 모른다. 그런 행동의 연장선이었을 뿐이다. '나는 이런 사람이니까' 밖에서도 그렇게 대접받으려고 했을 것이다.

이런 예는 실상 우리 주변에서 흔히 본다. 글을 쓰는 저자나, 읽는 독자도 어떤 경우에 '나, 이런 사람이야' 하고 은근히 자신을 내세우면서 대접을 원한 적이 있을 것이다. 그것을 '아상我相'이라고 한다. 아상은 자신에 대한 자존심 차원을 넘어서서 시쳇말로 뻐기는 수준까지 올라간 마음이다.

수년 전, 오랫동안 알고 지내는 일본인이 한국에 오면서 선물로 양주 한 병을 줬다. 6년산 양주였다. 선물을 받고 순간 '이게 뭐야' 하는 생각이 들어 스스로 놀란 적이 있다. 해외 여행이 늘어나면서 몇 년에 한 번은 외국에 다녀오게 된다. 그럴 때 보통 17년산, 21년산 양주를 한 병 사들고 귀국하곤 한다. 직장 동료들과 양주 한 병을 핑계로 술자리를 마련해 이런저런 이야기를 나누는 행복감 때문이다.

17년 이상의 양주에 맞춰진 내게 아주 친하다는 지인에게서 6년짜리 '값싼(?) 양주'를 선물 받고서 "이 사람이 나를 이 정도 사람으로 생각하나"라는 마음이 들었던 것이다. 그런 내 마음에 대해 놀란 것이다. 그것이 바로 아상이구나 반성에 반성을 했다.

가격으로 치면 6년산은 보통 3만원대, 17년은 7만원대, 21년산은 10만원 정도에 면세로 구입을 한다. 소주는 한 병에 2천원이 안 된다. 즉, 6년산 술과 소주를 비교하면 매우 비싼 술임에 틀림없다. 그 숫자에 사로잡힌 마음이 얼마나 한심하고 어리석은 짓인가.

밤늦게 귀가하다가 술 취한 사람을 만난 일이 몇 번씩은 있을 터. 그 사람이 다른 사람에게 시비를 걸 때 꼭 하는 말이 있다. "내가 누군지 알고." 우리는 그런 차별하는 마음을 낸 적이 없는가.

특히 40대~50대 초반 남성들이 가장 아상이 높은 시기다. 자기 생각을 말하는데 주저하지 않으면서 남의 말은 들으려고 않는다. 누가 다른 의견을 내자마자 말을 자르고 들어와서 이미 그 사람이 말하려는 결론까지 다 안다는 듯 허세를 부린다. 그 근저에는 짙은 아상이 위치하고 있다.

스님들이 출가를 하면 '하심下心'을 가장 먼저 배운다. 신부, 수녀님은 절대 복종을 배운다. 둘 다 철저하게 자기의 아상을 버리는 작업이다. 세속에서 다져 온 나의 아상을 버리지 못하고는 진정한 종교인으로 거듭나지 못하기 때문에, 심할 정도로 하심을 강조하며, 복종을 강요한다.

우리 세대는 특히 하심을 배워야 한다. 벼가 익을수록 고개를 숙인다는 속담을 하루에 한 번씩은 되새기며 살아야 한다. 1960~70년대 경제가 급발전하던 시기에 성장한 우리 세대는 하심을 배울 기회가 없었다. 그보다 당당하게 살아야 한다는 말을, 남에게 뒤처지면 안 된다는 경쟁을 배웠다. 성적은 일 년에도 몇 번씩 순서를 매겨 발표됐다. 한반 1등부터 70등까지, 전교 1등에서 500등까지 순서가 매겨지며 경쟁하라고 배웠다. 나보다 낮은 성적의 친구, 나보다 낮은 생활 수준의 이웃 주민을 만날 때면 '짜식, 내가 누군데'라는 마음을 무의식적으로 키워 왔다. 그 결과로 비행기에서 라면을 요구했다가 짜증을 내고, 식당에서 종업원에게 반말을 해대고, 잠시 만난 다른 회사 직원을 내 집 집사 부리듯 하는 행태들이 나타나는 것이다.

우리 하심하자. 어린아이에게도 존중하는 마음을 쏟아 주어야 한다. 나란 몸뚱이, 결국 죽으면 한 대접 분량의 CHON 네 가지 원소로 분리되고 만다. 너나 나나 똑같다. 차별하는 마음을 버리지 못한다면, 내가 다음에 저 뉴스에 나온 사람이 될지도 모른다.

스타 이강인 그리고 스포츠

　우리는 "착하게 살아야 복을 받는다"는 말을 어른들로부터 끊임없이 들으며 살았다. 할머니가 그러셨고, 어머니가, 선생님이 늘 그리 말씀하셨다. 하지만 젊은 세대에게 그 말을 하면 10명 중 2~3명으로부터 핀잔 어린 말이 돌아온다. "못된 놈이 더 잘살아요."라는. 얼마 전 후배에게 그 말을 듣고 나는 특별히 반박을 못한 채 말문을 닫아야 했다.
　2024년 겨울 열린 카타르 아시아컵에서 국민을 분노하게 한 사건이 발생했다. 요르단과 4강 경기에서 예상 외의 무기력한 경기로 실망을 안겼는데 그 내면에는 전날 벌어진 주장 손흥민과 막내 이강인 선수간 다툼이 있었다. 이강인이 독자적인 행동을 하려고 하자 손흥민이 이를 제지했고, 이 과정에서 이강인이 손흥민에게 폭력을 행사했다는 것이다. 이 소식이 알려지면서 국민들의 분노는 극에 달했다. 이강인에게 비난이 쏟아지고, 맏형다운 모습을 유지하려던 손흥민에 대한 격려가 이어졌다.

　이 일은 '실력만 있으면 된다'는 우리 사회의 그동안 현상을 돌아보게 만들어 준다. 운동선수가 운동만 잘하면 만사형통인 세태, 남이야 뭐라고 하든지 간에 돈만 잘 벌면 된다는 식의 사고가 만연한 우리 사회에 대해 '먼저 인성을 갖추라'는 날카로운 일침을 쏟아낸 것이다.

　2002년 월드컵 경기 이전까지 우리나라는 월드컵에 나가 16강도 진출하지 못했다. 국력과 스포츠의 경기력은 비례한다는 공식이 무색하게 우리나라 국민들의 축구에 대한 높은 열망에 비해 국제 무대에서 축구 실력은 낮은 수준이었다. 히딩크 감독이 한국 국가대표팀 감독을 맡으면서 그는 한국 축구를 단숨에 세계 4강의 실력으로 끌어올렸다. 그 힘은 무엇이었을까?

　많은 사람들은 기존에 만연하던 '학맥' '인맥'을 무시한 선수 발탁에서 근본적인 원인을 찾았다. 히딩크 감독은 일본 무대에서 뛰고 있던 박지성을 찾아냈고, 아무리 유명세를 날리던 선수라도 성실하지 않으면 국가대표 선발에서 제외시켰다. 실력과 성실이 히딩크가 선수들을 선발한 기준이었던 것이다. 그리고 어느 정도의 실력과 높은 성실성을 가진 선수들은 급격히 기량이 올라갔고, 결국 월드컵 4강이라는 신화를 이루게 된 것이다.

　히딩크는 왜 실력뿐 아니라 성실성을 강조한 것일까? 축구는 혼자 하는 기록 경기가 아니라 단체 경기이기 때문이다. 나는 어려서부터 많은 운동을 접했는데 한때는 축구 선수로도 활동했다. 축구에서 뛰어난 한 명의 선수가 승리를 견인할 수 있지만, 팀워크가 없다면 제아무리 뛰어난 선수라도 제 기능을 발휘할 수 없다. 만약 득점을 많이 하는 골 게터가 있다고 하자. 하지만 동료들과 사이가 안 좋으면

패스를 하지 않아 공이 좀체 그에게 가지 않을 것이다. 결국 그 선수도 빛날 수 없고, 팀도 승리를 할 수 없다. 차라리 조금 부족해도 팀과 잘 어울리는 사람, 즉 기본 인성을 갖춘 사람을 선수로 기용하는 것이 팀으로 봐서는 훨씬 좋은 것이다.

한때 엘리트 선수 육성에만 초점을 맞춘 때가 있었다. 운동선수로 발탁되면 초중고, 대학 시기를 막론하고 수업에 들어오지 않았다. 저 선수가 나와 같은 반인지도 모르고 학교를 다니는 경우가 허다했다. 이렇게 성장한 운동선수는 빠르게 기량을 습득할 수 있을지는 모르지만, 중간에 부상이라도 당하면 학교 생활도, 운동선수로의 미래도 모두 접어야 했다. 즐기는 스포츠가 아니라 마치 로보캅처럼 경쟁하는 스포츠, 그리고 대중을 위한 스타 만들기가 가져온 허망한 뒷그림자다.

이런 반성을 토대로 우리 사회는 약간의 변화가 일기 시작했다. 운동선수도 일정 기간 수업에 참여하도록 강제하고, 지나친 합숙 훈련 등에 대해 사회적 제재를 가했다. 하지만 아직도 스포츠계에서는 엘리트 선수 육성이라는 미련을 버리지 못하고 있다. 실력 지상주의다.

스포츠는 때때로 진한 감동을 전해 준다. 한 마라톤 대회에서 다른 선수들이 물을 마시지 못하게 탁자 위에 놓인 물 수십 병을 밀쳐 내버린 마라토너가 비난을 받은 일이 있다. 경기 후 그는 단순한 실수였다고 해명했지만 영상을 본 많은 대중은 이를 믿지 않았다. 그는 이후 선수로서 생명을 잃었다. 반대로 포기하려는 선수를 격려하며 끝까지 완주를 한 감동적인 이야기들도 많다. 우승을 하지도, 메달을 따지도 못했지만 대중은 그들에게 찬사를 보냈다. 아름다운 스포츠 정신은 인류에게 감동을 주지만, 비열한 승리는 대중에게 실망과 분노를 준다.

대중이 스포츠에 열광하는 이유 가운데 하나는 이러한 감동을 스포츠를 통해 선사받기 때문이다. 축구 경기에서 끝까지 포기하지 않고 뛴 결과 연장 시간에 골을 넣고 투지를 불태우는 선수들의 모습을 우리가 원하는 것이지, 아주 뛰어난 몇몇 선수들의 축제를 위해 대중이 환호하는 것은 아니다. 그래서 손흥민 선수가 뛰어난 기량을 지녔다고 칭찬한 이강인 선수지만, 대중은 인성을 갖추지 못한 그를 비난하는 것이다. 그에게서 착하게 살아야 한다는 어른들의 가르침이 아니라 못된 사람이 더 잘살더라는 역설을 느끼는 것은 어떤 이유일까.

선수 이강인이 잊지 말아야 할 것이 있다. 선수 생활은 불과 30대 중반을 넘기지 못한다. 이강인도 앞으로 10여 년 선수 생활을 하게 될 것이다. 이후는 지도자의 길을 걷는 것이 정석이고, 박항서 감독처럼 국제적인 축구 감독으로 성장한다면 더할 나위 없을 것이다. 그런데 대중에게 외면받는, 그저 실력 뛰어난 선수에 그친다면 그가 10년 후 설 무대는 과연 있을까. 이강인은 이런 점을 놓치고 있는 것 같다.

다시 이야기의 시작으로 돌아와 보자. 우리는 대부분 행복을 위해 살아간다. 공부를 하고, 사랑을 하고, 가정을 꾸리며 직장을 다니는 모든 이유는 행복에 있다. 그런데 그 행복이 나만의 행복이어서는 안 된다. 우리의 행복이어야 더 행복하다. 못된 놈이 돈을 더 가진다고 해서 그가 더 행복한 것은 아니다. 결국은 착하게 살고 있는 사람이 행복지수는 더 높다. 높은 경쟁 속에서 살고 있는 대한민국보다 산악 지대에 사는 부탄 국민이, 긴 겨울이 이어지는 핀란드의 국민들이 더 행복지수가 높다는 것은 '소유'가 곧 행복이 아니라는 점을 보여 준다.

65년 인생을 살면서, 아직 사회에서 걸음마를 걷고 있는 이들에게 이 말은 다시 한 번 해주고 싶다. 착하게 살아라. 착하게 살아야 복을 받는다. 복은 재물이 더 많은 것이 아니라 더 행복한 것에서 온다라고.

이강인 선수에게도 말해 주고 싶다. 이번 기회에 내가 살아가는 방식, 내가 추구하는 삶이 무엇인지 한번 돌아보라고. 진지하게 나를 볼 수 있는 기회가 젊은 시기에 주어진 것은 아주 좋은 기회라고. 그래서 내가 바뀌면 많은 사람들은 다시 내게 마음을 열어 줄 것이라고 말이다.

우리 사회를 고민하며

제3부

바람직한 장례문화

봄가을로 성묘와 벌초를 위해 고향을 찾는 사람들로 고속도로가 꽉 메워지는 나라. 부모님을 사후에도 잘 모시려는 마음은 우리의 아름다운 전통이다. 그런데 산소가 곳곳에 늘어나면서 이십여 년 전부터 화장에 대한 사회적 관심이 늘어났다. 과거 다소 죄의식을 갖고 부모님을 화장하던 모습과 달리, 이제는 화장이 보편화됐다.

그런데 그 이후가 문제다. 화장한 유골을 모시기 위해 납골당을 곳곳에 건립했다. 한때 국가에서 장려한 사업이기도 하다. 산소 봉분 크기의 대형 납골당이 마련되기도 했다. 왜 화장을 권유하는지 목적은 어디론가 가고, 오히려 환경적 폐해를 일으키는 큰 납골당이 산소를 대체해 곳곳에 놓였다.

야외 납골당에 유골을 모시려 한다면, 차라리 매장을 하는 것이 낫다. 화장을 위해 적지 않은 에너지가 필요한 점이 우선 문제다. 더 문제는 돌로 만든 납골당이다. 돌은 수천 년이 지나도 부서지지 않는다. 일본 나가사키에 원자폭탄이 떨어져 도시 전체를 폐허로 만들었지만, 원폭 지점에 있던 화강석으로 만든 석등은 부서지지 않고 그대로 남아서 지금도 평화공원 한편에 서 있다. 이처럼 돌은 매우 오랜 기간 유지된다는 점에서 생각할 점이 많다. 매장을 하고 3세대가 지나 산소를 관리하지 않으면, 그 산소는 몇 년을 못 가 무너진다. 다시 산의 일부분이 된다. 하지만 돌로 만든 납골묘는 수백 세대가 지나도, 그대로 산에 남아 흉물이 될 것이다.

또 하나의 문제가 비석을 세우는 문화다. 언제부터 비석 문화가 일반화됐는지 모르겠지만, 요즘 산소를 가보면 앞다퉈 비석과 제단을 돌로 만들어 세워 놨다. 후대에 무덤이 무너져 사라지더라도 비석과 제단으로 인해 무덤이 있던 곳임을 알 수 있다.

부모님을 기리려는 마음이야 누구나 다 같지 않을까. 하지만 돌아가신 이후 비석을 세우고, 무덤 주변에 돌을 쌓는 것이 부모님을 기리는 마음인지, 잠시 7~80년 빌려 쓰다 후손에게 넘겨줄 이 땅에 잘못을 하는 것은 아닌지 생각해 볼 일이다.

납골묘에는 몇 명의 유골을 함께 모시니, 환경 피해가 상대적으로 적다는 말도 있다. 과연 그럴까. 일반적으로 산소의 수명은 60년을 넘지 않는다. 3세대가 지나면, 자연적으로 관리가 되지 않고, 잔디 대신 여러 풀과 나무가 자라면서 사라지게 된다. 납골묘는 수천 년을 간다. 납골묘에 10분을 모셨다 치자. 10명이 1000년 동안 한 자리의 땅을 차지하는 것이 더 환경적으로 피해가 크다.

대안으로 나온 것이 수목장이다. 나무 아래에 유골을 묻는 방식이다. 부모가 그리울 때, 나무를 찾아 마음을 달랠 수 있다. 땅을 조금 가진 사람에게는 평장을 권하고 싶다. 유골을 땅에 파묻고, 그 위에 작은 나무판 하나 세우는 방식이다. 나무가 비바람에 삭아 없어질 시간이면, 자손들이 조상을 추모하기에 충분한 시간이 아닐까.

장례는 사회적 문화다 보니 일정한 유행도 있다. 하지만 아직 우리 사회는 정답을 찾지 못하고 있다. 명확한 것은 추모의 마음을 돌에 새기지 말자는 것이다. 돌은 영원히 없어지지 않는다. 돌로 만든 것들은 후손들이 쉽게 버리지 못할 귀찮은 존재가 될 것이다.

장례와 관련한 여러 이야기를 찾다가 읽은 시 한 편 소개한다. 무덤이 왜 필요한지, 죽음 이후에 장례는 무엇인지 한번 생각하게 하는 글이다.

나의 아이들, 언제나 내겐
아가 같은 나의 아이들아!

살다가 힘들면 마음을 놓아 버리렴.
잃어버리면 안될 것 같은 돈도, 명예도
놓아 버리면 한순간 흩어지는 구름 같은 것
힘들거든 놓아 버리렴.

발가벗고 엄마 품에서 태어나
삶을 벗어날 땐 천 원짜리 지폐 한 장도
넣어 가지 못하는 삶.
인생, 홀가분하게 살아가렴

나의 봉분은 너의 손으로 감쌀 만큼만
흙으로 지어 주기를

산마루 오르다 힘에 겨울 때
작은 봉분에 담긴 내 무덤 찾아가
목 놓아 울다가 한시름 놓아지면
다시 열심히 산을 오르렴.

아가야, 나의 아이야
항상 웃음 지으며 마음은 늘
상처받지 말고 행복하기를.

—안직수, 〈삶의 마루가 힘들거든〉

국민을 피로하게 만드는 의사 파업

2024년 새해부터 의사들의 파업으로 시끄럽다. 정부는 의사의 증원을 대폭 늘리겠다고 하고, 의사들은 결사 반대하며 파업과 전공의 수련을 거부하며 대치하고 있다. 그러던 중 한 기사가 눈에 들어온다. 아주대 의대 정원을 현재 40명에서 144명을 늘리겠다고 하자 의대 교수들까지 나서 반대 입장을 밝힌 것이다.

그동안 의대 한 학년의 정원이 40명밖에 안 됐다고? 이 기사를 읽으면서 솔직히 어이없다는 생각뿐이다. 우리나라 대다수 대학은 학과 교수가 한자리 수다. 여기에 강사를 통해 대학 교육을 담당하고 있다. 그런데 의대 교수는 300여 명을 넘는다. 물론 교수들이 진료를 병행하는 경우가 다수지만 학생수보다 더 많은 교수진을 확보하고 있는 곳은 의대가 유일한다. 그런데 정원을 늘리면 교육의 질이 낮아질 것이라는 주장을 일반인들이 어떻게 이해할 수 있을까? 단순 비교 외에 복잡한 내용이 있겠지만, 그래도 괴리감이 크다.

그 교수들의 월급은 학생들의 수업료는 극히 일부일 것이고, 대부분 병원에 입원한 환자들에게서 나오는 것이다. 의료계 파업 사태를 보면서 의사들이 자신의 이익 말고 사회적 소명과 직업의식을 제대로 가지고 있는 것인지, 지나친 차별심, 권위의식을 가지고 있는 것은 아닌가라는 생각이 든다.

흔히 직업에 귀천이 없다고 말한다. 하지만 인류 역사를 보면 계급사회는 직업의 귀천을 둔 사회였다. 현대 사회에도 소위 3D 업종을 비롯해 육체노동의 강도가 높으면 이를 기피하고 그 업종에서 일하는 사람을 낮게 대하는 일이 잦다.

우리나라는 특히 다른 나라에 비해 직업을 귀천으로 대하는 사회적 인식이 높다. 저출산 문제를 비롯해 우리의 모든 문제는 이 점에서 시작된다. 내 아이를 다른 아이보다 잘 키우려면 적지 않은 교육비가 들어가야 한다. 어려서부터 다른 아이에게 기죽지 않도록 해외 브랜드의 비싼 유모차를 시작으로 한 계절만 지나도 작아져서 입지 못하는 옷을 사기 위해 수만 원, 수십만 원을 지불한다. 그런 경쟁이 보편화된 사회 분위기에서 어떻게 자녀를 낳을 수 있을까.

고교생 가운데 소위 성적 1%에 드는 학생들의 선택지는 10명에 8, 9명은 의대다. 의사란 직업이 적성에 맞아서도 아니고, 생명을 고귀하게 여기는 마음에서도 아니다. 명성과 돈을 많이 벌 수 있는 직업이기 때문이다. 그렇다 보니 많은 국가 예산을 들여 세운 과학고 출신들이 대거 의대로 진학하고, 전문 직업인을 양성해야 할 실업계 고등학교는 매년 미달 사태에 고민할 수밖에 없다.

새터민 가운데 북한에서 의사를 했던 부부가 있다. 남편과 아내 모두 의사이니 상당한 대접을 받았을 것이라고 생각했는데, 이들은 그저 중간 약간 윗단계였다고 말한다. 의료비가 없이 정해진 배급에 의해 생활해야 하고, 환자에게 줄 의약품도 많지 않은 상황에서 의사라는 직업은 '환자를 고치는' 사명에 더 충실했다고 한다. 반면 한국사회에 와서 다시 의학을 공부해 의사가 된 한 새터민은 지나치게 비싼 의료비와 진료 행위를 보면서 "이래도 되나"라는 생각을 종종한다고 한다.

여기서 한번 질문을 던져 본다. 어떤 것이 귀한 직업인가. 내 답은 서로에게 도움이 되는 일을 한다면 그것이 바로 귀한 직업이다. 촘촘히 짜인 그물처럼 우리의 삶도 얽혀 있다. 수도나 변기를 고치는 사람부터 학교 선생, 대중교통 운전자, 청소부, 의사와 약사 모두가 자기 분야에 충실해야만 우리 사회가 제대로 돌아가는 것이다.

청소부가 모두 사라진다면 도시는 불과 일주일도 지나지 않아 악취가 쏟아지고 생활이 불가능한 곳으로 변한다. 버스나 택시를 타고 공항을 가서 비행기로 해외를 간다고 하자. 비행기 조종사만 있고 버스 운전사가 없다면 공항까지 걸어서 가야 할 것이다.

이처럼 의사는 사람의 몸을 고치지만, 의사 역시 사회에서 생활하려면 많은 사람들의 도움을 받아야 한다. 나는 높고, 저 이는 낮은 그런 직업은 없다는 말이다. 역으로 내가 고수익의 내 직업을 지키기 위해 다른 사람들의 진입을 막는 일은 그야말로 '독선적'이다. 학업 성적이 1% 안에 들어야 가능한 현 의대 입학 자격을 2% 대로 낮추면 의학 수준이 부실해진다는 논리야말로 잘못된 직업관이 우선돼 있다.

십수 년 전만 해도 우리나라에서 선호하는 직업은 판검사, 변호사 그룹인 법조인이 앞서 있었다. 그런데 지금은 법조인의 인기보다 의사의 인기가 훨씬 높다. 로스쿨 제도가 생기고, 법조계의 좁은 문이 넓어지면서 생활고를 겪는 변호사가 생겨나면서 벌어진 일이다. 이제 의료계도 잘못된 직업관을 버려야 한다. 환자를 고치면서 보람을 찾고, 너무 과도한 급여를 받는 특권층으로 남으려는 인식을 개선해야 한다.

　북유럽, 핀란드에 가면 곳곳에 굴뚝 청소공의 동상이 세워져 있다. 동상은 높은 굴뚝을 올라가 집안 내부까지 이어지는 굴뚝을 청소하는 그들에 대한 사회적 인식을 보여 준다. 그만큼 위험도가 높으며, 숙련도가 높은 직업이면서 가장 높은 급여를 받는 직업이 굴뚝 청소공이라고 한다. 우리나라도 이 정도 사회적 인식이 무르익어야 비로소 선진국이라고 할 수 있지 않을까.

　반면 아직도 봉건주의적 계급 사회의 잔해가 남은 인도의 경우 이름 자체에 직업을 담고 있다고 한다. 예를 들어보면 '바트' 라는 성은 금세공인의 하위 그룹을 의미한다. 마을 촌장, 갑옷, 통치자, 천한 상인, 식료품상, 똥 치는 사람 등 의미의 단어가 성씨로 사용되고 있다. 현재의 직업이 다르다고 해도 성을 들으면 그 조상의 직업을 알 수 있다고 한다. 얼마나 잔인한 세습인가. 한 회사에서 직장 동료로 근무하지만 퇴근을 하는 순간 서로 아는 척도 하지 않는다는 인도의 문화는 여기서 근원한다. 이렇게 직업을 명시하는 성씨 문화가 존재하는, 이런 카스트 제도 하에서 인도의 발전은 한계가 있는 것이다.

　의사 파업을 겪으면서, 당장 몸이 아프면 어쩌지라는 걱정을 해야 하는 '의사 아닌 자' 의 입장에서 보면 정원 확대에 반대하는 의사들의 입장은 조금도 이해가 가지 못한다. 공부는 조금 못하지만, 생명에 대한 경외감과 소명의식을 가진 사람들이 의학을 공부할 기회를 열어 줘야 한다. 의사는 직업군이지 절대 특권층, 권력층이 아니다.

　모든 직업이 존중받을 수 있는 사회가 행복한 사회다.

숫자로 읽어 보는 이상한 세상

한 지인이 수년 전 심장 혈관이 막혀 소위 관상 동맥 우회 수술을 받았다. 심장의 혈관이 3곳 있는데 막힌 정도가 심해 스탠스 방식이 어려웠단다. 결국 허벅지 부위의 혈관을 떼어 심혈관을 새롭게 연결했다고 한다. 큰 병을 딛고 건강을 회복하고 있는 그의 모습을 보면서 의학의 수준이 경이롭기까지 하다.

지인은 수술 후 한 달 반 정도 입원을 마치고 퇴원했는데, 병원비가 1800여만원 나왔다고 한다. 의료 혜택 덕분에 전체 병원비의 10%만 냈다고 한다. 여기서 호기심이 발동했다. 그 흉부외과 의사는 1주일에 2일, 하루에 5명 정도의 환자를 평균 수술한다고 한다. 즉 환자 한 명당 1억 원의 병원비가 발생한다고 치면, 일주일에 10명, 한 달이면 40명의 병원비로 40억원을 벌어들인다는 결론이다.

흉부외과 의사가 한 종합병원에 5명은 있으니, 흉부외과 수술로만 200억의 수익을 올린다는 이야기인데, 맞는지는 모르겠지만 숫자상으로는 그렇게 결론이 나온다.

　마찬가지로 외과 의사가 암 수술 등 고액의 비용이 드는 수술을 한다고 치면 도대체 종합병원이 진료비로 벌어들이는 비용은 한 달에, 1년에 얼마나 되는 것인가.

　동네 병원을 가봐도 이상한 숫자는 금세 나온다. 집 주변의 비교적 손님이 많은 한 병원인데 아침 9시에 문을 연다. 오후 5시쯤 병원을 찾았는데 번호표가 200번을 넘어 있었다. 한 명의 의사가 하루에 진료를 보는 사람이 이처럼 많은가. 진료 시간이 1분 남짓이라는 말이 실감이 난다. 의료보험 비용을 포함해 보면 1인당 1만 원을 잡아도 하루 200만원에 이른다. 한 달로 계산하면 아무리 적게 잡아도 5천만 원이 넘는다.

　얼마 전 국회의원 후보가 발표되면서 후보자의 10% 정도가 음주 운전 처분을 받은 것으로 나타났다. 언론에서 매번 반복하는 전과자 분포를 보면 음주 운전이 제일 많은데, 그만큼 살면서 음주 운전을 하는 사람도 적지 않고, 또 단속도 빈번하다는 것을 의미한다.

　음주 운전으로 적발되면 특별 교육을 받아야 한다. 음주 운전은 아니지만 난폭 운전, 사망 사고 등으로 면허 정지나 취소가 된 경우에도 특별 교육을 받는다. 지역별로 차이는 있지만 이런 교육이 면허교육장별로 1주일에 평균 3~4번 진행된다고 한다.

　회당 수강자는 200여 명에 달한다. 보통 음주 운전으로 면허 취소가 되면 벌금이 300만원을 넘는다. 또 호기심이 발동한다. 한 지역에서 1인당 300만원의 벌금을 낸 사람이 일주일에 600명이고, 전국적으로 27곳으로 계산을 하면 486억원에 이른다. 매년 국가에서 음주 운전만으로 500억원의 벌금을 징수한다는 결론이 나온다.

　음주 운전 벌금만 그렇고, 각종 속도 위반 등 기타 벌금 등 저항하지 못하는 세금 아닌 벌금만 따지만 도대체 얼마나 많은 돈을 서민들에게서 '합법적으로' 가져가는 것일까.

　평생을 살면서 큰 병을 한 번도 앓지 않는 사람이 몇 명이나 될까? 우리가 병원과 의료보험, 생명보험 등에 평생 지불해야 하는 금액이 도대체 얼마나 되는 것인가? 운전대를 잡으면서 벌금을 한번도 안 낸 사람은 몇 명이나 될까? 아침 출근길 숙취 운전까지 단속을 한다는데 이는 정말 음주 운전 사고를 국가가 염려해서 일까? 아니면 합법적으로 '세금'을 채우기 위한 핑계일까?

　내 방식대로이긴 하지만 숫자를 계산하다 보니 사회라는 집단의 일원으로 살아가는 것이 참 고단한 일이라는 생각이 든다. 그래도 모두 열심히 살고 있는 사람들에게 격려와 위로를 전하고 싶은 날이다.

부자만 아이를 낳아야 하나

출산율이 0.7까지 떨어졌다. 요즘 젊은 세대를 보면 결혼을 해도 자식을 낳을지 말지 고민한다고 한다. 이런 추세라면 임신을 위해 인공 수정을 한다는 말이 수십 년 후에 개그 프로그램의 소재가 될지도 모를 일이다.

그나마 결혼을 해서 자식을 낳는 경우도 대부분 한 명으로 만족한다. 이유는 경제적인 문제다. 현재 2살인 아이에게 들어가는 돈이 적지 않다는 것. 그런 고민을 가진 직장인들이 갖는 결론은 일치해 있다. "봉급이 너무 적다"는 것.

친구, 선배들에게 술자리서 툭하면 듣던 투정이 급여가 적다는 것이다. 과연 적다. 나도 그렇고, 당신도 그렇고 급여가 만족스럽지 못하다. 한 언론매체에 따르면 2011년 억대 연봉 수혜자가 20만 명에 육박했다고 한다. 그에 비하면 대부분의 직장인들은 적은 급여를 받는 것이 분명하다. 그런데 가정 경제에 대한 인식이 거기에서 출발

한다는 것은 마음 아픈 일이다. 억대 연봉을 받는 사람들에게 물어보자. 생활하기에 충분한 돈을 번다고 생각하는 사람이 과연 몇 명이나 될지.

지적하고 싶은 점은 그런 비교가 아니다. 그 속에는 급여의 수준에 따라 사람들의 사회적 위치를 판단하는 위험한 잣대가 함께 존재한다는 점이다. 우리 세대의 다수에게 이런 마음이 내재돼 있다. 그 일례가 자동차, 명품 가방으로 빗대지는 외형이다.

아파트 몇 평에 사느냐를 묻는다. 그 질문 속에는 "나는 이 정도 사람인데, 너는 어느 수준의 사람이냐"는 마음이 깔려 있다. 우리 세대에는 사람을 경제력으로 판단하려는 위험한 잣대를 가진 사람들이 유난히 많다. "저 동은 가난한 애들이 다수 모여 있어. 동네 수준 떨어지게." 드라마에서 듣는 말이 아니라, 주변에서 심심치 않게 듣는 말이다. "(평수가 적은) 201동 애들보다 (넓은 평수의) 209동 아이들과 친하게 지내라"는 식의 말도 듣는다. 그 잣대를 후손들에게 아무런 거리낌없이 전하는 모습에 경악을 한다.

이런 비교가 자연스럽게 터져 나오는 이유는 우리 세대가 그런 교육을 받았기 때문이다. 어디서 학교에서다. 학교 시절, 가정 형편 조사라는 것이 있었다. 집에 피아노가 있는가, 텔레비전이 있는가 등등 가구까지 조사를 당했다. 그것을 통해 친구 사이에서 서로의 형편을 구분하는 법을 무의식적으로 교육받았다. 선생님은 육성회비를 밀린 아이들이나 준비물을 못 사온 아이들을 공공연하게 벌세웠다. 그 당사자들은 얼마나 창피하고 끔찍한 기억이었을까. 그런 기억을 가진 우리들의 뇌 한 구석에는 금전이 제일이라는 생각이 무럭무럭 자랐을 것이다.

사람은 모두가 평등하고 존엄한 사람이다. 금전에 의해, 피부색이

나 인종에 의해 차별하고 구분하는 것은 매우 위험한 사고다. 그런데 우리는 스스로가 모르는 사이 그런 차별을 일상화하고 있다. 아파트의 안전이나 기타 여러 이유로 그 아파트 이외의 차량이 지나다니는 것을 막기 위해 바리케이드를 치고 산다.

과거 한 부잣집에서 잔치가 벌어졌다. 이에 한 사람이 초대를 받고 갔는데, 대문을 지키는 하인들에게 입장을 제지 당했다. 허름한 옷을 입은 그를 막아서고 들여보내 주지 않았다. 그 사람은 집으로 돌아가 깨끗한 의복을 입고 다시 그 집에 갔다. 그랬더니 하인들이 인사를 하면서 안으로 모셨다. 잔칫상을 받은 그 사람이 옷에 대고 "옛다, 먹어라" 하면서 자신의 옷에 이 음식 저 음식을 집어 놓는 것이 아닌가. 이를 보고 놀란 주인이 뛰어와서 물었다. "아니, 어르신. 왜 그러십니까?" "오늘 초대받은 것은 내가 아니고 이 옷입니다. 그러니 옷이 음식을 먹어야지요."

한번 웃고 지나가기에는 시사하는 것이 많은 이야기다. 우리의 사는 모습과 비교하면 더욱 그렇다. 저출산의 이유를 경제 탓으로 결론을 맺으려는 후배들에게 "본질적인 부분을 다시 생각해 보자."라고 말을 꺼냈다. 후배에게 물었다. 분유는 현재 무엇을 먹이느냐, 기저귀는 무엇을 쓰느냐 등등. 후배는 국내산 분유 가운데 제일 비싼 가격의 것을 먹이고 있었다. 기저귀도 잘 알려진 메이커로, 태어난 다음 달부터 그 기저귀를 쓰고 있다. 물론 좋은 것을 먹이고, 입히고 싶은 부모의 심정을 이해한다. 또 좋은 물품의 장점과 낮은 가격 제품의 단점도 안다.

"나는 어릴 때 전지분유 먹었는데, 그것도 맛있더라. 차라리 그 비싼 분유를 조금 일반적인 것으로 바꿔 보면 어때?" 식품학을 전공한 사람이라도 분유에 쓰여 있는 성분만 읽어서는 해당 분유가 다른 것에 비해 확실히 좋은 장점을 발견하기 어려울 것이다. 그 돈의 차액을 저금해서 아이가 대학 갈 때 유용하게 쓸 수 있지 않을까.

그뿐이 아니다. 집안의 대소사와 어릴 때부터 아이들을 휘어잡느라 들어가는 돈이 적지 않다. 잦은 외식을 해야 하며, 부모님의 생일이면 거창하게 한상 내야 한다. 때론 적지 않은 선물로 기념일을 챙긴다. 양가 부모님 생일에 나와 안사람, 아이들 생일을 챙기면 적어도 1년 12달 가운데 6번 이상 적지 않은 비용을 지출해야 한다. 생일상을 요즘은 집에서 먹는 사람들이 드물다. 외식해야 한다. 그러면 행복한가? 아이들은 경쟁적으로 학원으로 내몰린다. 집에서 놀 시간이 부족한 아이들이다.

베트남 호찌민은 평생토록 정약용의 『목민심서』를 옆에 두고 살았다고 한다. 『목민심서』에는 지도자의 역할에 대해 세세한 부분까지 회초리를 들고 있다. 가장은 가족의 지도자다. 또한 회사에서, 사회에서 어느 정도 지도자의 역할을 하게 된다. 그 책 한번 읽어 보길 권한다. 아니면 『채근담』을 읽어도 좋다. 어떻게 인생을 살아가야 하는가 한번 고민도 없이 한평생을 산다면, 나의 몸과 마음에게 너무 미안한 일이 아닌가.

이도 저도 귀찮다면, 성경이나 불교 경전의 말 한마디라도 가슴에 새기고 살아야 한다. 직접 읽지 않아도 교회나 성당, 절을 가서 한 시간 정도 자리를 지키면, 좋은 이야기 하나는 주워들을 수 있다. 그것으로 인생의 좌표를 삼아도 좋다. 그 이야기들의 공통분모는 "만족하는 마음을 가져야 행복해진다"는 결론이다.

내 직업에 대해 누구에게 내놓아도 당당한 자부심을 우리는 잃어버리고 산다. 직업의 중요성을 한 달에 받는 급여로 환산하는 데서 근본 원인이 있다. 급여가 적으면 사회적 지위도 낮은 사람으로 취급

당하는 우리의 풍토, 사회가 그러니까 하며 치부할 문제는 결코 아니다. 나부터 의식을 바꿔야 한다. 내가 바뀌면 주변이 바뀐다.

비싼 사치품은 명품이 아니다

 수년 전, 결혼 혼수품과 관련해 시민들의 이야기를 전하는 텔레비전 방송 내용을 볼 때였다. 많은 젊은이들이 혼수품 가운데 빼놓지 않았던 품목이 ―전에는 없던 품목이다― 가방이었다. 소위 명품백이다. 수백만 원을 호가하는 가방을 시어머니에게 선물하고, 또 선물받는 풍습을 전해 들으면 씁쓸한 기분이 든다.
 매년 특정 시기를 기념해 몇몇 백화점에서 명품백 할인 행사를 연다. 백화점이 문을 열기도 전에 수많은 사람들이 줄을 서서 기다리다가 백화점 문을 열자마자 100m 질주를 하듯 뛰어가 명품백 매장 앞에서 저마다 가방을 들고 활짝 웃는다. 이 어이없는 현상이 21세기 대한민국의 한 단면이다.
 지난 20년 사이, 우리 사회에 명품이란 단어가 등장했다. 누가 처음 만들었는지 모르지만, 과거 사치품이라고 불리고 '졸부' 취급당하며 경멸의 대상이던 물건들이 당당히 명품으로 변신했다. 명품이란 단어는 심지어 아파트 홍보 문구에도 사용되고, 각종 외제 물건을 당당하게 구입할 수 있는 명분을 만들어 냈다.

버스를 타서 보면 10명의 여성 중 3~4명은 루이비통 내지는 유명 메이커 가방을 들고 있다. 가격은 몇백만 원을 훌쩍 뛰어넘는다. 왜 우리 젊은이들은 사치성 가방을 선호할까. 그 가방에 헬륨 가스라도 충전돼 있어, 물건을 넣어도 가벼워지는 것도 아닌데 말이다.

중국 북경에 가면 대규모 짝퉁 시장이 있다. 한번 그 시장을 구경한 적이 있는데, 가이드를 따라 A급 짝퉁 상가에 들어가게 됐다. 높은 철문을 두 개 열고 들어서자 빼곡히 쌓인 가방이 눈에 들어왔다. A급 짝퉁은 우리나라 돈으로도 적지 않은 비용을 줘야 한다. 가방뿐 아니라 심지어 키티 상표의 열쇠고리, 머리핀 등 종류도 다양했다.

사치품에 대한 선호도는 비단 가방뿐 아니다. 젊은 세대들은 옷에 달린 그림을 보고 어느 회사 상품이며, 가격이 어느 정도인지 가늠한다. 남성 겨울 코트가 메이커 하나 붙이면 수백만 원을 호가하는 세상이다. 그런 물건에는 어김없이 '명품'이란 단어가 붙어 있다. 그럼 그런 옷을 입고, 가방을 들고, 열쇠고리를 장식한 사람들은 명품인가.

1980년대 교복 자율화 열풍이 불었다. 당시 많은 사람들은 군사 정권의 잔해, 일제의 잔해라는 이름으로 교복의 폐지에 적극 나섰고, 교복은 자율화됐다. 그때 새로운 폐해가 나타나기 시작했다. 경제 수준이 올라가면서 소위 메이커 바람이 분 것이다. 나이키를 필두로 프로스펙스 등 메이커를 단 신발이 고가로 팔려 나갔다. 더불어 옷에도 메이커가 붙기 시작했다. 어떤 학교에서는 신발 분실 사고가 잦자, 아예 실내화도 자율화시킬 지경이었다. 그뿐 아니라 소위 짝퉁 메이커도 다수 시장에 선보였다.

우리 세대가 그 시대를 경험했다. 까만 교복에서 해방되자마자, 앞다퉈 부모들에게 메이커가 있는 옷과 신발을 요구했고, 부모들은 선선히 지갑을 열었다. 그도 그럴 것이 박정희 정부가 출산 제한 정책을 도입하면서 우리 세대에는 자녀수가 급격히 줄었다. 또한 교육열도 최고조에 달하던 때였다. 공부를 잘하면 성공할 수 있다는 잘못된 신념은 자식에게 모든 것을 쏟아붓게 만들었으며, '보릿고개'가 사라진 시기를 전후해 태어난 우리 세대는 자본의 필요성을 몸으로 절감하며 자라났다.

그 속에서 우리가 잊은 것이 있다. 지성의 가치, 행복의 가치다. 사람들의 뇌구조는 다양하다. 암기력이 뛰어난 사람이 있고, 그와 상반되게 이해력이 뛰어난 사람이 있다. 그 시대에는 암기를 잘하는 학생이 우수생이었다. 즉, 앞다퉈 지식을 머리에 집어넣기를 강요받았다. 그 지식의 가치와 평가는 고려되지 않았으며, 지식을 활용한 재생산의 방식은 학습되지 못했다. 그렇다 보니 행복의 가치에 대한 인식도 채 갖지 못했다. 왜 사는가. 인생은 무엇을 추구해야 하는가, 행복하기 위해 나는 주변과 더불어 어떻게 살아가야 하나 등등의 가치를 생각지 못했다. 대신 무엇을 해야 성공할 수 있는가, 어떻게 해야 부자가 될 수 있는가의 가치에 매몰됐다. 메이커는 성공한 부모, 돈이 있는 집안을 과시할 수 있는 하나의 수단이었다. 어른들은 그런 청소년의 메이커 열풍에 대해 비판하고, 건전한 사고를 갖도록 이끌기보다는 자율화의 필요성, 다양한 사고의 중요성에 집중했다.

그 세대들이 성장해 일정의 자본력을 갖게 됐다. 지금의 30대~50대 초반들이다. 그들이 또다시 메이커 열풍에 빠졌다. 남성들은 해외 고급 자동차에, 여성들은 수백만 원대 가방에 매몰됐다. 여 검사가 명품백을 갖고 싶어 사건을 조작하는 일도 발생했다. 가방 하나 얻으려고 그런 일을 했다는 자체로는 어이없는 일이지만, 가방의 가격과

두뇌 깊숙이 뿌리박힌 메이커에 대한 열망을 이해한다면 그럴 수도 있는 현상이다.

재벌 3세들을 보면 역시 우리 세대 사람들이 주류다. 그들이 지향하는 점을 보면 천박한 배금주의에 빠진 사람들이 적지 않다. 대형 해외 브랜드 매장을 운영하며, 빵집·떡볶이 체인점을 운영하고, 심지어 쓰레기 처리 관련 업종에도 손을 댄다. 주변의 작은 매장을 무너뜨리는 행위에 주저함이 없다. 과거 우리 할아버지 할머니 세대가 지향했던 기업 정신을 지키고 있는 사람들을 찾아보기가 쉽지 않다.

도덕성이나 국가관 등 전통적으로 중시됐던 가치관을 무시하고, 우리는 경제 발전에만 가치를 둔 대통령을 당당하게 선택했던 과거도 가지고 있다. 그 이면에는 어려운 경제 상황이 있었던 것이 아니라, 메이커로 대변되는 자본 지향적인 우리의 인식이 여러 형태로 변형된 것이 아닐까.

그나마 최근 들어 새로운 바람이 간간이 불고 있다. 나의 가치에 대해 진지하게 사고하는 젊은이들이 늘어나고 있다. 해외를 가면 뜨거운 태양을 아랑곳하지 않고 적은 임금과 높은 노동 시간을 감내하며 자원봉사를 하는 한국의 젊은이들을 자주 만나게 된다. 아르바이트와 학업을 병행하면서도 자신의 꿈을 잃지 않고 노력하는 젊은이들을 주변에서 쉽게 접한다. 나는 적어도 우리 세대가 그들과 대화를 하면서 한번쯤은 부끄러워해야 한다고 생각한다. 우리 세대는 냉철한 비판력은 갖고 있지 않은가.

명품은 엄연히 사치품이다. 사치품이란 위화감을 조성해 사회 통합을 저해하고, 사회를 병들게 하는 물건이다. 우리는 이제라도 나를 명품으로 만드는 일에 관심을 가져야 한다. 그 방법은 우리보다 뒤 세대에서 배워야 한다.

남을 먼저 의식하는 메이커 문화

　사람들의 복장을 보면 10명 중 8명은 메이커가 달려 있다. 특정 상표가 달리지 않은 옷은 마치 값어치가 없는 듯한 느낌을 받는 것은 어떤 이유일까. 소위 시장에서 산 옷이라는 느낌을 덜어내기 위해 업체에서 로고 하나 새기고 나면 그 가격은 몇 배 뛰어오르기 나름이다.
　건강에 대한 관심이 높아지면서 등산을 하는 사람들이 적지 않다. 산마다 사람들이 넘친다. 대자연이 주는 신선함 속에서 한 걸음 한 걸음 내딛는다는 것은 참 행복한 일이다. 무엇보다 등산은 돈이 거의 안 드는 운동이다.
　내가 사는 포항시에는 작은 산이 몇 개 있다. 내연산, 조항산 등 산은 접근성도 좋고 쉬운 등산 코스다 보니 많은 사람들이 찾는다. 한두 시간 정도만 가도 충분한데다가 산을 오르는 길이 완만해 노인들도 자주 산을 찾는다.

아이들이 어릴 때, 자주 아이들과 등산을 했다. 아이들은 꽃과 대화를 하거나, 나무를 끌어안고 나무의 심장 뛰는 소리를 들을 수 있는 능력이 있다. 나뭇가지, 돌멩이 하나하나가 장난감이기도 하다. 일반적으로 장난감은 아이들의 창의력과 상상력을 이끌어 내지는 못한다. 예를 들어 장난감 총은 총알을 쏘기 위한 도구에 불과하다. 포클레인 자동차는 포클레인에 들어갈 작은 장난감이나 물건을 들었다 놓았다 하는 기구에 불과하다. 정형화된 장난감을 통해 아이들이 상상력을 발휘할 필요는 없다. 그리고 다른 용도로 활용이 되지도 못한다.

하지만 나뭇가지 하나는 칼싸움을 하는 도구도 되고, 총도 되며, 지팡이도 되고, 장군이 쓰는 지휘봉이 되기도 한다. 때론 야구방망이도 된다. 아이들이 상상하는 그대로 쓰임새가 바뀐다. 돌멩이는 돌도끼도 되며, 봉숭아꽃을 빻는 절구도 되고, 어항 속 물고기의 친구가 되기도 한다.

그래서 안사람은 아이들이 어릴 때 아이들과 같이 숲을 자주 찾았다. 나 역시 개구리 알을 찾아다니는 아이들을 보면서, 간혹 시간이 날 때면 아이들과 산을 올랐다. 등산을 갈 때면 가장 편한 옷을 입고 집을 나서곤 했다.

그런데 언제부턴가 K2 상표를 시작으로 화려한 등산복을 입고 산을 오르는 사람들을 만나는 횟수가 늘기 시작하더니, 아예 등산복 매장을 산으로 옮겨 놓은 듯한 착각을 주는 정도에 이르렀다. 등산복 입을 일을 만들기 위해 산을 오르는 것인가 하는 생각도 해 본다.

15년 전 백두산 천지를 처음 밟고 나서 받은 벅찬 감동이 내내 마음 한편에 남았다. 하늘이 열리면서 매서운 칼바람이 내어놓은 길을 따라 오르다 보면 우리나라의 산과 사뭇 다른 풍경에 이국적 느낌이 든다. 그뿐이랴, 정상을 오르는 동안 적어도 4번 정도는 다른 바람과 기온을 접하게 되는 신비한 명산이 바로 백두산이다. 북한이 중국에 백두산 일부를 팔았다는 소식을 듣고 당시는 안타까움과 분개한 마음이었는데, 어쩌면 그 결과로 지금 우리 국민들이 백두산을 두 발로 걸어 올라갈 수 있는 것은 아닌가 하는 생각도 든다.

백두산이 좋아 몇 번을 찾았다. 비록 중국을 통해 가야 하는 백두산이지만 영산이라 불릴 만큼 신비함도 많다. 백두산 정상으로 가는 길은 용암으로 인해 곳곳에서 따뜻한 물이 솟아나고, 세계의 많은 사람들이 관광을 위해 이곳을 찾는다. 연길 시내에서 먼 길을 달려온 피곤함도 풀 겸 한 식당에 앉아 지나가는 사람들을 보는데, 한국인의 특징이 눈에 띈다. 유독 우리나라 사람들이 각종 고급 등산복 메이커를 입고 있었다.

너무하지 않는가. 국가 망신도 이런 망신은 없을 듯하다. 그 천박한 열풍을 주도하는 사람들은 바로 우리 세대들이다. 유심히 살펴보자. 주로 40~50대가 목적에 어울리지 않는 고급 등산복을 입고 여행을 간다. 60세 넘은 할아버지 할머니들의 복장이나 20대 젊은이들의 복장을 한번 유심히 살펴보자. 그냥 편해 보이는 옷과 운동화 하나 달랑 신은 것이 전부다.

나는 이런 현상에 대해 불쌍하다는 표현이 가장 적절하다고 생각한다. 행복을 즐기는 습관을 배우지 못한 우리 경쟁 세대의 비극이다. 친구들과 또는 가족과 함께 등산을 하면서 자연을 보고 느끼는 습관이 아니라, 산을 오르는 사람들의 시선을 인식해 나의 외형을 꾸미는데 더욱 신경을 쓰는 불행한 습관이 원인이 아닐까 한다.

우리는 목적에 충실해야 한다. 목적에 충실하려다 보면 과정도 중요함을 깨닫게 된다. 산을 왜 오르는가. 많은 사람들은 어느 순간 그

목적을 잃어버리고 정상을 정복하기 위해 혈안이 된다. 산을 오르는 목적은 십중팔구는 자연의 신선함을 내 몸에 전달하고자 하는 것이 아닐까. 적당히 땀을 흘리면서 몸에 쌓인 노폐물도 좀 배출하고. 그렇다면 설사 목적했던 산 정상을 다 오르지 못하면 어떤가. 산을 오르는 도중에 만나는 많은 나무들의 이름을 떠올려 보고, 흙이 주는 부드러움을 발끝에서 느껴 보는 것이 더 중요한 일이 아닌가. 정상에 발을 디디는 것이 목적이 돼 버린다면 산을 오르는 과정은 별 의미가 없어진다.

혜민 스님의 강연은 이런 우리 모습을 돌아보게 한다. "내가 아주 좋은 옷을 입고, 치장을 하고 친구들을 만났다고 해요. 다음 날, 아니면 일주일 후 그 친구들을 만났을 때 내가 입었던 옷을 기억하는 친구는 아무도 없어요. 남은 결코 나에게 모든 관심을 집중하지 않아요." 얼마나 경쾌한 울림인가.

고등학교 시절, 한 친구가 지리산을 등반하자고 제안했다. 지금처럼 젊을 때가 아니면 나중에 오르기 힘들다며 구체적인 코스까지 제시했다. 즉석에서 4명이 의기투합했다. 밤 기차로 내려가, 노고단에서 천왕봉까지 4일 일정을 잡고 준비물을 나눴다. 텐트를 필두로 버너, 코펠, 쌀 등 부식류를 네 명이 나눴다. 문제는 부모님께 어떻게 말씀을 드리는가 하는 것이었다. 고등학생이 며칠간 등산을 하겠다면 어느 부모가 흔쾌히 "그래, 다녀와." 할 것인가. 부모님이 안 계신 때를 골라 장비를 챙겨 1층에 숨겨 놓고 방에는 "며칠 여행 다녀옵니다. 걱정하지 마세요." 메모를 써 놓고 태연하게 부모님과 저녁 식사를 했다. 기차 시간은 다가오는데 집을 나설 명분이 없었다. 결국 체육복 바지에 길에서 산 아주 싼 운동화가 전부였다.

그렇게 지리산 종주길을 떠났지만, 우리 4명의 친구들은 마냥 즐겁기만 했다. 설익은 밥도 해 먹고, 배낭 무게를 줄이려고 친구들 몰래 감자를 배낭에서 꺼내 하나씩 하나씩 계곡에 버리기도 하고, 해 질 무렵이면 작은 텐트에 둘러앉아 노래도 부르고. 그렇게 여행을 마치고 산을 내려오자 신발 바닥이 거의 해져 버렸다. 그 신발을 들고 친구들과 웃던 일이 아직도 생생히 기억에 남는다.

그런 추억이면 되지 않았나? 먼티 하나 입고, 신발 한 컬레 신고 자연 속에서, 친구들과 웃을 수 있다면 그것이 등산 아닌가. 전국의 많은 산을 가봤지만, 우리나라 산 가운데 비싼 기능성 등산복을 입어야 하는 산은 아직 하나도 발견하지 못했다. 심지어 설악산이라도 그 정도는 아니다.

지금이라도 '부끄러운 등산복' 사는 일을 자제하자. 남의 시선을 위해 수십만 원을 쓰는 어리석음에서 벗어나야 한다. 비단 옷뿐 아니다. 어떤 사람들은 기능보다 디자인, 즉 고가의 가방에 집착한다. 아주 값비싼 외국의 메이커 가방이 유독 한국에서 더 잘 팔린다는 오명을 들을 때면 이런 모습을 더더욱 떠올리게 된다. 부끄러운 우리의 자화상이다.

이혼율 30%의 시대

며느리가 생선을 한 마리 구워 왔다. 그러자 아들이 머리를 뚝 떼어 어머니 앞에 덜어 놓는다. "아니, 왜 머리를 어머니 주세요?" 며느리가 남편을 나무라자 아들은 "어머니는 머리를 좋아하셔." 무심히 답을 한다. "어두육미라고, 생선은 머리가 맛있다잖아." 좀 배웠다는 아들은 한자까지 사용하며 자신의 말에 정당성을 부여한다. 그러자 듣고 있던 어머니가 말한다. "머리를 좋아하는 사람은 없다. 나도 이제 몸통 좀 먹어 보자."

어렵던 시절, 생선을 사와 부모와 남편, 아이들에게 모두 나눠 주고 머리에 붙은 살 몇 점을 떼어 먹던 어머니의 희생을 담은 이야기다. 우리의 부모님은 희생하며 자식을 길렀다. 설사 부부간 갈등이 있어도 자식들을 위해 서로 참았다.

우리나라 가정의 30%가 이혼과 재결합으로 이뤄져 있다고 한다. 심각한 수준이다. 쉽게 헤어지고 다시 만나는 과정을 통해 아이들은 상처를 입지만, "내 인생도 중요하다"는 마음이 이미 우리 사회에 깊숙이 자리하고 있는 것 같다.

어느 날, 봉사 활동을 다녀오는 차 안에서 있었던 일이다. 한 남자가 최근 뉴스에서 나온 일을 전했다. 형 내외가 교통사고로 죽고, 조카 한 명이 남았다. 동생은 그 조카를 데려다가 키우려고 했는데, 처자가 반대를 했다. 자신은 조카를 잘 키울 자신이 없다며 반대의사를 밝혔고, 결국 이혼 위기까지 갔다는 이야기다. 봉사자는 "어떻게 조카를 나 몰라라 할 수 있냐"라고 분개를 했다. 그런데 다른 여성 봉사자는 다른 의견을 냈다. "조카를 위해 이혼을 하면 내 자식들은 또 어렵게 살아야 할 것이 아니겠냐"며 "안됐지만 부인이 정 싫다고 하면 자식을 위해 조카를 고아원에 보내는 것이 낫다"는 의견이었다. 운전을 하면서 둘의 대화를 묵묵히 듣고 있자니, 가슴 한쪽이 막막해지는 느낌이다.

만약 이런 일이 내게 생긴다면 어쩔 것인가. 참 난감한 일이 아닐 수 없다. 하지만 실상의 우리 모습이 그렇다는 데서 어려움이 발생한다. 부모의 재산 몇 푼을 두고 형제자매간 다투고 갈라서는 일을 수도 없이 보는 마당에, 자식을 부양하는 문제는 하물며….

우리는 자식들을 얼마나 사랑하고 있는가. 어떤 사람들은 지나치게 사랑하고, 과다하게 아이를 위해 쏟아붓는다. 또 어떤 사람들은 지나치게 무관심하며, 사회적 시스템에 아이들을 맡긴다. 그 대표적인 예가 어린이집 야간 보육이다.

맞벌이 부부를 위해 어린이집 야간 보육을 의무화하는 지방자치단체가 늘어나고 있다. 시립 어린이집 등의 경우 저녁 6시는 기본이고 밤 9시까지 야간 보육을 의무화하기도 한다. 직장을 다니는 부모의 입장에서 보면 상당히 고마운 일이다. 특히 직장 여성의 경우 더욱 반갑다. 과거 직장 여성은 보육을 위해 직장을 그만두어야 할 것인가를 고민했다. 하지만 지금은 "돈을 벌어 아이들 교육에 더 투자하는 것이 아이들을 위해 좋다"는 생각이 보편적이다.

학교에 갔다와서 빈 집 문을 열고 들어서는 아이들의 마음을 그래도 한번은 헤아렸으면 한다. 물론 아이들은 환경에 적응력이 어른보다 뛰어나다. 금세 익숙해지는 것처럼 보인다. 하지만 그 허전한 마음의 기억은 자라면서 주변에 대한 사랑 결핍으로 나타날 수 있다. 때로 지나친 집착이나 건전한 친구 관계 형성에서 문제를 보이기도 한다. 그렇다고 여성이 가족에만 안주할 수 없는 사회 구조 속에서 여성에게 사회 활동을 접으라고 누구도 이야기할 수 없다. 남자 한 명의 급여로 안정적인 가족을 꾸리기엔 한계가 뚜렷하며, 여성의 사회적 활동의 필요성도 매우 높다. 결국 사회적 시스템, 보육 정책의 보완이 필요하다.

그런 일반적인 상황을 제외하고, 소수의 이기적인 이야기를 하고 싶다. 한 시립 어린이집에 아이를 맡기고 있는 한 어머니는 아르바이트 수준의 직장을 다닌다. 낮에 몇 시간 일을 한다. 그런데 아이를 늦은 시간까지 어린이집에 위탁하고 있다. 남편이 보통 직장에서 저녁을 먹고 늦은 시간 귀가하는데, 자신도 친구나 동네 지인들과 만나 저녁을 때우는 일이 많다. 아이를 위해 저녁의 즐거움을 포기하기 싫어, 아이를 보육시설에 늦은 시간까지 맡기는 경우다. 그곳에서 저녁까지 해결한 시간에서야 아이를 데리러 온다. 그런데 그런 어머니가 극소수가 아니다. 종종 있다.

이제는 나이가 들다 보니 손자 손녀의 이야기로 화제가 모아지는 경우가 종종 있다. 손녀를 둔 한 친구는 가끔 어린이집을 찾았던 이야기를 전한다. 어린이집을 방문하면 몇 명의 아이들이 있다. 그러다가 현관 벨소리가 나면 모두의 시선이 문으로 향한다. "엄마다." 가방을 챙기는 것도 잊어버리고 뛰어가는 아이, 그 모습을 시무룩하게 바라보는 아이들의 모습을 볼 때면 마음이 뭉클해질 때가 많다. 술 냄새를 풍기며 아이를 데리러 오는 어머니를 대할 때도 있다. 물론, 다수의 어머니는 일이 늦게 끝나 보고 싶은 자식을 늦게 데리러 오는 경우일 터다.

결혼은 서로의 선택에 의해 한다. 배우자에게 심각한 문제가 있다면 이혼을 할 권리도 당연히 있다. 남자가 술을 마신 후 주사가 있어 가족에게 폐해를 끼친다든지, 여자가 도박이나 지나친 사치벽이 있을 경우 "이혼하라"고 권한다. 그 이외는 "참고 맞춰 가며 살아 보라"고 권한다. 왜냐면 아이들을 위해서다.

인간뿐 아니라 모든 생명은 자신의 행복을 추구하며 살아간다. 보다 행복해지기 위해 갈망한다. 내 모든 것을 희생하면서 남을 위해 사는 것은 어쩌면 주변의 불행을 동반하는 삶이 될지도 모른다. 부모도 생선의 몸통을 먹을 권리가 있다.

하지만 몸통을 먹기 전에 조건이 있다. 아이들부터 배불리 먹이라는 것이다. 아이들부터 정서적으로 행복해져야 하는 것은 부모로서 해야 할 당연한 의무다. 의무가 없는 권리는 없다. 나의 행복을 지나치게 추구하다 보면 가정의 구성원과 마찰이 생길 수 있다. 또 지나치게 나를 희생하다 보면 오히려 가정에 좋지 않은 결과를 가져온다.

이 둘을 적절히 조화시키는 지혜로움을 젊은 세대일수록 학습해야 한다. 전통적 대가족 아래서 성장했고, 지금은 핵가족의 주역인 우리 세대가 어떻게 자손들에게 효율적인 효문화의 시스템을 전해 줄 것인가를 한번 고민해야 한다.

직장 정년 연장이 답일까

　인간의 수명이 늘어난다는 것은 반가운 일만은 아니다. 그에 따른 사회적 비용과 젊은 세대가 겪어야 할 어려움을 볼 때 더욱 그렇다. 하지만 모든 생명이 자신의 삶에 애착을 갖는 것은 본능이다. 수명을 늘리기 위해 연구하고, 건강을 유지하기 위해 수고하는 것을 어찌 잘못이라 할 수 있는가. 오히려 그런 노력을 게을리하는 사람들이 바보다.

　여기서 한 가지 지적하고 싶은 것은 '내 건강'을 고민하면서, 왜 사회적 대안을 찾는 노력에는 소극적인가라는 점이다. 그 문제의 하나가 직장에 대한 것이다.

　우리 사회의 이슈 가운데 하나가 정년 문제다. 일반적으로 정년은 만 60살이다. 초등학교 입학 전부터 20년간 공부를 한다. 적지 않은 학원비와 수업료를 지불하고, 25살 전후에 사회 생활에 발을 디디게 된다. 남자의 경우 27살이 일반적이다. 그렇게 직장 생활을 아주 평

탄하게 하면 30년 정도 직장 생활을 하고 사회에서 은퇴를 한다. 많은 사람들은 그 사이 치열한 경쟁에서 살아남고, 고액 연봉자라고 후배들의 눈치도 보면서 '가정'을 위해 산다.

그 자녀가 적어도 25살은 넘어야 큰 일이 끝난다. 그런데 요즘 결혼 시기가 늦어지다 보니, 아직 고등학교, 대학을 다니는 자녀를 생각할 때 60살 은퇴는 불안한 일이 아닐 수 없다. 몸도 건강하다. 또한 그간 쌓았던 경험과 인맥을 놓아야 한다는 점도 사회적으로 낭비다. 베이비 붐 세대가 어느새 60대가 됐다. 또 오일 쇼크 시기에 태어난 세대들이 50대 중반으로 사회를 주도하고 있다. 이들은 우리 사회가 고도의 성장과 민주주의를 정착하는데 큰 역할을 했던 세대임은 이론의 여지가 없다. 그리고 현재 사회 곳곳에서 막강한 영향력을 갖고 있다. 국가 정책을 주도하고, 기업의 중역으로 활동하고 있다.

사람은 누구나 마찬가지겠지만, 자신의 뒷일을 준비한다. 미래의 불안감을 줄이기 위해 적지 않은 고민을 하며, 설계를 한다. 현재 사회를 주도하는 우리들이 60세가 넘어 무엇을 할 수 있을지 고민하는데, 그 일환으로 제기되는 문제가 65세 정년, 나아가 70대 근로자로 남고자 하는 논의다. 그렇다면 우리의 자녀들은 그 시기까지 좋은 일자리가 줄어들 텐데. 정년 연장 논의의 함정은 여기에 있다.

가장 좋은 방법은 그동안의 경험과 인맥을 바탕으로 새로운 기업을 창출하는 것이다. 노동자에서 기업인으로의 변신을 40대 중반부터 고민해야 한다. 좋은 일자리를 만들어, 평생토록 일을 할 수 있고, 또 후학 수십 명에게 좋은 일자리를 제공하려는 사회적 공헌에 대해 고민해야 한다. 적어도 인간이 추구하는 가치는 돈을 벌기 위한 것이 아니라, 사회적 성취를 하며 그에 부응하는 부를 얻는 것이 아닌가. 좋은 일자리는 내가 현재 위치한 직장과 연계될 때, 더욱 성공할 기회가 많아질 터다.

좋은 일자리를 만들기 위한 도전의 기회를 우리 사회는 주고 있는가. 아니다. 우리 사회는 수익성이 좋은 직장을 만들라 치면, 대기업에서 사업 아이템을 뺏어 버린다. 소위 재벌 2세, 3세와 그 친인척으로 구성된 조직이 돈이 되는 일마다 뛰어든다. 심지어 폐지 사업을 독점하려 하고, 동네 분식집까지 체인점을 구성해 장악하려고 한다. 착실하게 성장한 중소기업의 주식을 장악해 기술만 빼가는 일도 벌어지고 있다. 적법하게 이뤄지는 이런 행위를 당하고도 어디 하소연할 곳도 없다.

"계륵 같은 사업을 해야 한다"라는 한 선배의 충고가 그래서 뇌리를 떠나지 않는다. 계륵은 삼국지에서 조조가 한 말이다. 버리기는 아깝고, 취하자니 이익이 적은 전투를 앞두고 닭 가슴살에 비유한데서 유래했다. 이처럼 대기업이 뛰어들기엔 수익이 적당히 적어야 사업을 유지할 수 있다는 뜻이다.

우리 사회가 건전하게 성장하고, 일정 정도 사회에서 인맥과 경험을 갖춘 사람들이 소기업을 창업할 수 있으려면, 불합리한 대기업 중심의 정책을 변환시켜야 하는 것은 이런 이유에서다. 대기업은 국가 경제의 중추라는 생각으로, 작은 기업들은 각종 모세혈관과 살을 구성하는 기업이라는 생각으로 상생해야 하는데 그러기에 배금주의 현상이 너무 짙다. 돈을 쫓지 말고, 사회적 가치를 쫓는 대기업 문화가 절실하다.

이를 극복할 대안을 갖고 있는가. 정신문화의 회복을 통해 건전한 사업가가 사회적 대우를 받고, 천박하게 돈을 쫓는 사람들은 비난을 받는 사회 정서를 만들어야 한다. 돈만 쫓아 외국의 사치품 수입업을 하고, 빵집을 개설하는 재벌 2세, 3세들이 존경을 받지 못하는 사회적 풍토를 조성해야 한다.

　더불어서 우리들은 60세 이후가 되었을 때, 어떻게 사회적 어른이 될 것인가를 고민해야 한다. 일자리를 빼앗는 고액 연봉자가 아니라, 사회에서 활발하게 활동하면서 후학들을 위해 폭넓은 기회를 만들어 주는 위치가 될 때 사회적 존경심도 받을 수 있다. 그러려면 바르게 기업을 할 수 있는 제도적 장치 마련이 선결되어야 한다.

　바른 인성을 지닌 기업가와 정치인, 시민들이 만나 어떻게 그런 사회를 만들 것인지 머리를 맞대야 한다. 우리 사회 기업의 구조적 취약점을 잘 아는 기업가와 법과 제도를 만드는 정치인, 공무원, 그리고 시민들이 만나 몇 개월, 몇 년이 걸리더라도 이제는 사회적 시스템을 바르게 세워야 한다. 그럴 때, 많은 대중은 안심하고 창업에 뛰어들고, 자신의 역량을 사회에 발휘할 수 있게 된다.

　지금의 우리 사회는 각자 알아서 살아야 하는 사회다. 언제 고갈될지 모를, 선거만 끝나고 나면 지급률이 줄어드는 연금이나 기타 불안한 제도에 미래를 맡길 순 없는 노릇이다. 생명은 점차 늘어나고 있는데, 직장에서는 60세가 되면 퇴출하지 않는가. 그렇다고 평생의 일거리를 만들기 위해 중장년의 모험을 걸기에는 너무 무모한 사회 구조 아닌가. 이를 타파하고 아름다운 노년을 준비할 수 있을 때, 우리 사회에서 '어른' 문화가 되살아날 것이다.

'단양천댐 건설'은 영구적 자연 훼손

정부가 기후 대응을 하겠다며 내놓은 정책이 고작 댐 건설인가? 결론부터 말하면 실망스럽고, 당연히 철회돼야 할 정책이다. 특히 단양천댐 계획은 충주댐 건설로 정든 고향을 잃고 실향민이 되어 버린 단양 주민에게 또 한 번 삶의 터전을 내놓으라는 권력의 횡포에 지나지 않는다.

지난 2일 수자원공사는 기후 위기에 대응하겠다며 단양천댐을 비롯해 전국 4곳의 댐 건설 계획을 발표했다. 댐 건설의 명목은 1985년 충주댐을 건설할 때나 지금이나 똑같다. 안정적인 물 공급과 홍수·가뭄에 대응하겠다는 구실이다. 직장을 따라 포항에서 살고 있지만, 어릴 때 모든 추억이 담긴 단양에 또 댐 건설이라니, 억장이 무너질 일이다.

충주댐 건설로 단양군청을 비롯해 오랜 주민들의 삶이 녹아 있던 지역이 수몰됐다. 주민들은 신단양으로, 전국으로 흩어져야 했다.

수몰 전 7만이 넘는 인구는 3만 명으로 줄어들었다. 공공기관 의료기관 등 사회 기반이 한순간에 물속으로 가라앉았고, 수만 명 주민의 추억과 빼어난 단양의 자연환경도 극심하게 훼손됐다. 하지만 개발 독재 상황에서 나라와 경제 발전을 위해 희생을 감내해야만 하는지 알았다.

단양은 자연환경이 빼어나 많은 국민들이 찾는 문화 자연 관광지다. 고려 말 우탁의 비애를 담고 있으며, 퇴계 이황을 비롯한 수많은 인물들이 머물면서 빼어난 자연 경관에 역사와 문화를 덧입힌 곳이다. 특히 단양 팔경 가운데 삼경을 품은 선암계곡은 상선암과 중선암, 하선암이 자리 잡고 있어 많은 국민들의 휴식처가 되고 있다.

충주댐 건설로 신단양에 이주한 주민들은 지난 반세기 동안 각고의 노력으로 월악산의 생태와 문화를 보존하며 다양한 스포츠와 즐길거리를 만들어 냈다. 인구 소멸 위기를 간신히 버텨 가며 후손에게 이 땅을 물려주기 위해 많은 희생을 감내하고 있다. 그런데 또다시 댐을 지어 이곳을 수몰시킨다는 것은 주민과 생태를 살해하는 행위일 뿐이다.

나는 단양에서 태어나 고등학교까지 살았다. 그 전에 대대손손 조상들이 그곳에서 살았다. 하지만 충주댐 건설로 인해 그 추억은 모두 수몰됐다. 불과 40년 흐른 지금, 또다시 수몰 시키겠다는 것은 너무 잔인하지 않은가. 신단양에 잘 정돈된 단양시장보다, 어릴 적 구불구불 자연스럽게 형성됐던 단양시장이 더 정겹고 그립다. 시장도 그때는 단양천처럼 구불구불 자연스러웠다.

또 하나 살펴볼 점은 정말 단양댐이 필요한가라는 점이다. 수자원 공사는 단양댐을 건립하면 30만 명의 시민에게 안정적으로 물을 공급할 수 있다고 홍보한다. 또 가뭄 대비를 구실로 내세운다. 충주댐 건립 이후 한번이라도 바닥을 드러낸 적이 있었던가. 단양과 영월의 깊은 산에서 일정하게 내뿜는 물은 늘 충주댐을 넉넉하게 채우고 있다.

그렇다고 물 확보가 필요한 충주 시민이나 충북 시민들이 급격하게 늘어난 것도, 늘어날 전망도 없다. 오히려 지방 도시 소멸을 막기 위해 지자체마다 필사의 노력을 기울이는 상황에서 누구를 위한 물 확보가 필요한 것인지 납득이 되지 않는다. 물 부족을 위해? 홍수 조절을 위해? 모두 마뜩한 논리가 아니라는 것은 수자원공사 관계자도 알 것이다. 개발을 위한 개발은 아닌가 의심마저 든다.

우리는 자연으로부터 많은 혜택을 누리고 산다. 하지만 흙 한 줌 만드는데 인간이 기여한 바는 없다. 자연의 거대한 섭리로 현재와 같은 산을 형성하고 계곡을 만들어 냈고, 인간에게 삶의 터전을 내어 줬다. 자연 속에는 땅속의 작은 벌레부터 하늘 위를 나는 매까지, 다양한 생명체가 공존하고 살고 있다. 그런데 인간이 무슨 권리로 그 자연을 한순간에 훼손하려는 것인지 모르겠다.

우리 국민은 수천만년 이어 오며 형성된 천혜의 자연을 훼손할 권리를, 비록 작은 인구라도 한 명 한 명 소중한 추억을 수몰시킬 권리를, 5년 임기의 권력에 주지 않았다.

여여한 풍경과 함께　제4부

산마을 가을 풍경

내가 가끔 가는 산마을은 월악산 국립공원 언저리인데, 멀리 중앙고속도로가 보이고 아주 낮게 자동차 소리가 아스라이 들리기도 한다. 남쪽으로는 소백산이 티끌 하나도 걸림이 없이 손에 잡힐 듯 눈에 들어온다. 뒤편으로는 야트막한 야산이 병풍처럼 펼쳐져 있고 더 위쪽에는 제법 험준한 바위산이다. 북쪽으로는 금수錦繡처럼 아름답다는 금수산이 웅대한 모습으로 서 있고 그 아래는 규모가 그리 크지 않은 저수지가 있다.

저수지 바로 위에는 내가 가장 존경하는 45년지기 1년 선배 집이다. 저수지 아래쪽에는 개울이 이어지는데 개울가로 취락이 발달해 있다. 이곳에서 아래로 20여 분 걸어가면 남한강 상류다.

벼가 무르익고 있다. 하늘은 건들바람에 말갛게 벗겨져 얄푸르다. 콩이나 수수, 조 같은 곡식들도 실하게 영글어 가고 있다. 갈바람에 출렁이는 덜퍽스런 곡식들의 황금물결이 그 어떤 풍경에도 비할 수 없을 만큼 아름답다.

　이맘때쯤 고추밭에는 붉게 익은 고추가 주렁주렁 열려 있어야 하는데, 올해는 긴 장마로 고추 무름병이 들어 붉은 고추가 거의 없고 짓무르고 시든 고추만 더러 달려 있다. 일 년 내 땀 흘려 농사를 지은 농부들은 얼마나 허망하고 속이 쓰릴까? 안타까운 마음에 고추밭에서 눈이 떨어지지 않는다. 들깨밭에는 깻잎이 제법 누렇게 익어 간다. 이제 곧 '가을 깻잎'을 따서 맛있는 장아찌를 담글 것이다. 산 아래에 밤나무는 긴 장마에도 꿋꿋이 버티더니 여느 해 못지않은 풍성한 밤송이를 매달았다. 툭툭 알밤이 떨어진다. 윤기가 나는 튼실한 것이 먹음직스럽다. 갈맷빛 수풀들은 시나브로 누렇게 물들어 가고 있다. 곧 물감을 뿌려 놓은 듯 멋진 산골 단풍의 향연을 볼 수 있을 것이다. 가끔 텃새들이 무리 지어 날아간다. 먹을 것이 지천으로 널려 있어 마냥 행복하다는 몸짓인 듯하다.

　산마을을 산책하는데 어디선가 강쇠바람이 내 몸을 휘감고 달아난다. 폐부는 물론 머릿속까지 짜릿하도록 맑아진다.

　가을 하늘은 푸르고 맑아서 멀리까지 조망할 수 있다. 걸으면 육체적인 건강에도 좋지만, 정서적으로도 훨씬 안정되고 풍요로워진다. 나는 이따금 산마을을 산책하는데 이 순간이 너무도 즐겁고 행복하다. 마음이 한없이 한가롭고 편안해져서다. 가슴 한구석에 깊숙이 자리 잡고 있던 묵은 욕심의 찌꺼기까지도 내려놓을 수 있어 참말로 마음에 걸림이 없다.

　머릿속은 텅 비고 가슴은 충만하다. 푸근한 가을의 서정이 너무 좋다. 이런 서정은 그리운 사람을 불러낸다. 산마을에서 나누는 그리운 사람과의 대화는 마을 어귀의 느티나무 그늘에 오래된 정자만큼이나 정겹다.

산촌의 풍경은 언제 보아도 좋다. 딱 집어 말할 수는 없지만, 그 어떤 풍경보다도 순수하고 질박해서 좋다. 산골에서 만나는 여러 가지 모습들은 사람들에게 잔잔하고 담박한 아름다움을 선사한다. 전혀 꾸밈이 없고 자연 그대로의 모습을 보여 주기 때문이다.

산마을의 아름다운 모습 중에서 야생화를 빼놓을 순 없다. 특히 들국화와 구절초가 눈길을 사로잡는다. 군락을 이루어 피는 경우가 많은데 청초하고 수수한 아름다움이 있다. 주변에는 이름을 알 수 없는 야생화도 많다. 들꽃들을 만나는 나의 마음은 어느새 참나무 새순처럼 순박해진다. 산촌 길을 거닐라치면 해맑은 공기가 너무 상큼하다. 이따금 불어오는 산들바람은 나의 온몸과 영혼까지도 말끔히 씻어 준다. 몸과 마음이 날아갈 듯 가든하다.

산마을 길은 사계절이 아름답다. 봄 길은 아늑하고 안온하며 부드러운 느낌으로 다가온다. 여름 길은 진한 녹색이 주는 시원함과 중성의 안정감이 있고, 특히 가을 길은 넉넉하고 풍성하며 어느 계절보다 서정적이고 낭만이 있다. 겨울 길은 한가롭고 여유롭지만 조금은 애틋함이 서려 있다.

산마을은 언제 걸어도 싫증 나지 않고 여유를 주며 절로 마음이 그윽해진다. 군데군데 빈집들이 눈에 띈다. 빈집 위로 풀 넝쿨이 뒤덮인 경우도 간혹 본다. 낡은 가옥은 금방이라도 주저앉을 것 같고 여기저기 쳐진 거미줄에는 날벌레들이 위태롭게 걸려 있다. 사람의 흔적이라고는 찾아볼 수 없어 쓸쓸함이 배어 나온다. 오래전 사람이 살 적에는 시끌벅적했을 것인데…. 요즘에는 시골에도 노박이로 사는 사람이 별로 없다. 옛 추억들이 필름처럼 스쳐 지나간다.

지금이 산마을 풍경을 산책하기에 딱 좋은 때다. 가을걷이가 끝나고 추워지면 호젓하고 한적한 맛은 있겠지만 고적하고 텅 빈 들판을 바라보면 공허함이 더해 애잔함마저 불러온다.

　세월이 단풍처럼 아름답게 물들어 간다는 말이 생각나는 저녁 시간이다. 단풍이 채 들기도 전에 힘없이 떨어진 나뭇잎들을 이리저리 몰고 다니는 바람결에서 스산한 가을의 정취를 느끼며, 오랜 시간을 같이한 선배랑 외딴 오두막에서 나누는 소주 한잔이 그 어떤 단풍보다도 아름다움을 발하는 시간이다. 마음이야 언제나 초록의 영광 속에서 일렁인다고 생각하지만 초록도 단풍이 들어야만 더욱 아름다운 것이 아닌가 생각하게 된다.

보경사 가는 마음

　가끔 마음이 혼란해질 때면 포항 내연산을 찾는다. 산 입구 주차장에 차를 세우고 보경사로 걸어 들어갈 때면 처음 맞이하는 느티나무가 언제나 정겹다. 특히 겨울이면 잎을 모두 떨군 나무는 웅장한 모습을 그대로 보이는데, 그 모습이 더욱 웅장함을 자아낸다. 수백 년을 한자리에 서서 세월의 흐름을 지켜보고 있는 느티나무를 보자면 짧은 인생을 살면서 나는 얼마나 중심을 잡고 있는가 생각을 하게 된다.
　느티나무 길을 지나면 일주문에 도달한다. 일주문을 볼 때마다 나는 우리나라 건축가들의 뛰어난 감각에 경외심을 표한다. 일주문은 말 그대로 두 개의 기둥을 축으로 해서 만든 건축물이다. 원래 건축물은 4개의 기둥을 세우고 그 위에 건물을 짓는데 두 개의 기둥을 세우고 보를 지른 다음 웅장한 지붕을 씌운 형상이다. 그만큼 수평과 건축의 무게를 잘 활용해야만 가능한 일이다. 마치 우리의 마음이 이처럼 잘 평정심을 유지해야 한다는 무언의 가르침을 일주문에서 느낀다.

일주문을 지나 해탈문까지 이르면 소나무숲이 나타난다. 선조들은 소나무를 군자의 덕을 지닌 나무라고 불렀다. 소나무는 햇볕을 보지 못하는 가지를 스스로 떨군다. 그렇다 보니 중간에는 나뭇가지가 없고 나무 윗부분에만 가지가 뻗어 사시사철을 지킨다. 하지만 떨궈진 나무 옹이는 보이지 않는다. 껍질이 옹이를 감싸기 때문이다. 이처럼 허물을 스스로 덮어 가면서 자라는 모습은 마치 스스로의 허물을 알고 이를 극복해 가는 군자의 모습과 닮았다.

보경사에 오르는 길의 소나무는 저마다 더 많이 햇볕을 보기 위해서인지, 구불구불 자라 있다. 곧은 나무는 건축을 위해 베어지고, 못생긴 소나무가 산을 지킨다고. 하나같이 휘어 버린 소나무지만 눈과 마음은 더 즐겁기만 하다.

보경사의 특징 가운데 하나는 담장이 없다는 점이다. 대부분의 집이나 건물은 담장을 친다. 잃어버릴 것이 많은 집일수록 높은 담장을 친다. 일반 가정에서 집 내부와 외부의 시선을 차단할 목적으로 키높이의 담장을 친다. 사찰에서는 전각 경계를 구분하기 위해 담장을 치곤 한다.

하지만 보경사는 담장이 없이 건물과 건물 배치만으로 경계를 구분하고 있다. 그렇다 보니 발길을 잡는 무언가가 없다는 느낌을 주면서 편안하게 발걸음을 옮기게 한다. 우리의 마음에도 이처럼 경계가 모두 사라진다면 얼마나 좋을까. 그동안 세계에서 종교적 다름에 의한 다툼으로 얼마나 많은 전쟁이 발생했는가. 정치적 이데올로기가 다르다는 구분으로 인한 다툼은 또 얼마나 많은가. 이 모든 경계를 허물어 버리자는 무언의 가르침을 보경사의 '없는 담장'에서 찾을 수 있다.

조계종 제11교구인 불국사 말사인 보경사는 신라 시대인 602년(진평왕 25) 진나라에서 유학하고 돌아온 고승 지명智明이 창건했다. 진나라에서 유학을 하던 지명 스님은 어느 날 한 도인으로부터 팔면보경을 전해 받았는데, 이를 땅에 묻고 그 위에 법당을 세우면 왜구의 침입을 막고 삼국을 통일할 수 있을 것이라는 말을 전해 들었다. 이를 들은 왕이 기뻐하며 지명 스님과 함께 동해안 북쪽 해안을 거슬러 올라가다가 내연산 아래 있는 큰 못 속에 팔면보경을 묻고 못을 메워 금당金堂을 건립한 뒤 보경사라 하였다고 한다. 성덕왕 때 각인 문원 스님이 금당 앞에 오층 석탑을 조성한 것을 비롯해 철민 스님 등 수많은 고승들이 보경사에 머물면서 중창을 거듭해 지금에 이르렀는데, 불사는 최근까지도 이어져 현재와 같은 사세를 갖추게 됐다.

중요문화재로는 보물 제252호로 지정된 보경사원진국사비와 보물 제430호로 지정된 보경사부도가 있으며, 조선 시대 숙종이 이곳의 12폭포를 유람하고 그 풍경의 아름다움에 시를 지어 남겼다는 어필의 각판이 있다. 그 밖에 경상북도 유형문화재 제203호로 지정된 오층 석탑, 경상북도 기념물 제11호로 지정된 탱자나무가 있고, 동봉東峯·청심당淸心堂·심진당心眞堂 등 11기의 부도가 있다.

또 산 동쪽의 청련암과 서쪽 서운암을 비롯해 보경사와 함께 창건했다는 문수암과 보현암 등이 있다. 마치 내연산 전체를 하나의 사찰로 만든듯, 보경사를 본존불처럼 모시고 좌우에 문수보살과 보현보살을 모신 듯한 형태다.

언제부턴가 보경사는 내 마음의 고향으로 다가왔다. 어머니 같은 곳이다. 마음이 힘들 때 조용하게 찾을 수 있는 곳. 그 안에서 내면의 편안함을 가질 수 있는 곳이 바로 고향 아닌가. 어떤 사람들은 성당이나 교회를 찾아 마음의 위안을 얻는다. 때론 다른 종교를 가진 사람들에게서 절에 들러 사천왕문을 지날 때 무서움을 느낀다는 말도 듣는다. 그럴 때면 따로 불교가 이렇게 좋다고, 이런 의미라고 설명하려고 하지 않는다. 내가 불교에서 마음의 위안을 얻듯, 그 사람은 다른 종교의 가르침, 형식에서 마음의 위안을 얻으면 족하다. 서로의 살아온 방식이 다르듯, 종교도 정치 인식도 다른 것이 당연하다. 우리는 이를 인정해 주면 되는 것이다.

보경사 경내를 거닐면서 이런 가르침을 얻는다. 너와 나를 구별하지 말고 상대를 인정하고, 틀린 것이 아니라 나와 다른 것이라는 가르침, 경계를 허물고 다가서라는 가르침. 그것이 보경사에서 얻는 마음이다.

보경사 대웅전 앞에는 아주 오래된 소나무 한 그루가 서 있다. 사방을 향해 뻗은 가지마다 총총히 박힌 가지가 넓은 그늘을 만들고 있다. 누구라도 지인이 먼 곳에서 찾아오면, 그 그늘 아래에 앉아 땀을 식히고 마음을 식히고 애환을 식히면서 한참을 함께 있고 싶다.

여수 향일암을 찾아

2024년 봄, 기림사 불교대학 도반들과 여행을 나섰다. 봄나들이 여행지는 여수 향일암이었다.

순천에서 인물 자랑하지 말고, 벌교에서 주먹 자랑하지 말고, 여수에서 돈 자랑하지 말라는 말이 있다. 그만큼 순천에 인물이 많고, 벌교에 장사가 많다는 의미일 것이다. 여수는 그런데 왜 돈이 많은 것일까. 얕은 지식으로 혹시 여수 사람들에게 안 좋은 이미지를 줄까 하는 염려에 여기서 생각을 멈춘다.

아침 일찍 도반들을 만나 예약한 버스에 올랐다. 도반이란 말은 언제 들어도 느낌이 좋다. 도반의 한자를 직역하면 길을 함께 가는 친구라는 뜻이 된다. 길벗이란 말이 바로 도반이다. 함께 같은 생각을 가지고 걸어가는 지인이 있다는 것은 무엇에 비교할 수 없는 행복이 아닐까.

도반들과 차 안에서 이런저런 이야기를 나누는 사이 차는 여수 향일암 입구 주차장에 도착했다. 여기서부터는 30여분을 걸어야 한다.

향일암은 신라 선덕여왕 때인 644년, 원효 스님이 관세음보살님을 친견하고 현재 관음전 자리에 원통암이라는 이름으로 창건했다고 한다. 여수면 백제 땅이었을 텐데 이곳에 신라의 스님이 왔다는 것은 어떻게 봐야 할까. 비록 국가간에는 적대감을 갖고 있어도 불교라는 종교는 이를 뛰어넘은 것일까?

원효 스님은 요석공주와 사랑을 나누고 파계에 대한 허전한 마음을 가눌 길이 없어 만행에 나섰다가 들깨가 많은 포구, 현 임포마을에 다다랐다. 그곳은 바다의 비릿함도 없고, 겨울이면 동백이 지천인데다가 사시사철 숲이 울창했다. 스님은 이곳이 기도처로 좋겠다고 생각해 머물면서 수행을 하던 중 관세음보살을 친견했다고 한다. 이후 수행하던 암자를 원통암이라 했는데 고려 광종에 윤필대사가 이곳에 와서 금오암이라 개명하고, 조선 숙종 41년 인묵대사가 주민들이 시주한 논과 밭에 대웅전을 조성하고 '해를 향하는 암자' '비로자나 부처님께 귀의한다'는 뜻의 향일암으로 개명했다고 전해 온다.

이처럼 오랜 역사를 지닌 천년 고찰이다 보니 그 안에 문화유산도, 전설도 많다. 일명 경전바위는 원효 스님이 원통암을 창건한 후 절을 떠나면서 그동안 읽은 많은 경전을 바다로 던지자 경전이 하늘로 치솟아 바위로 변했다는 이야기를 담고 있다. 경전바위는 한 사람이 흔드나 열 사람이 흔드나 똑같이 흔들리는데, 경전바위를 한 번 흔들면 불경 사경을 열 번 한 공덕과 같다고 한다.

향일암 부처님과 관련된 이야기도 신비하다. 일제 때 한 도둑이 순금으로 조성된 향일암 부처님을 훔쳐 달아났다. 그런데 법당 문을 나서자마자 밤하늘에 안개가 자욱하게 끼고 주변이 칠흑처럼 어두워졌다. 도둑은 더듬더듬 간신히 도망쳤는데 날이 새고 보니 법당 앞이었다고 한다. 결국 밤새 향일암 근처만 맴돌다가 잡혀 버린 것이다.

  이 외에도 금거북과 관련된 전설을 비롯해 다양한 이야기가 전해진다. 향일암, 금오암, 영구암, 깨개절, 원통암, 책육암, 거북절 등등 수많은 이름으로 불린 것처럼, 이야기도 전설도 많은 것은 그만큼 많은 사람들의 기도처로, 고달픈 서민들의 삶을 달래 줬다는 역설이 아닐까.

  도반들과 대웅전에서 참배를 올렸다. 여행길에 다른 종교를 가진 사람이 있으면 대웅전에서 참배하는 것조차 눈치가 보일 때가 있다. 일행의 일정에 방해가 되지 않으려는 조바심에 참배를 해도 빨리 절을 하고 나오곤 한다. 하지만 같이 불교를 배운 도반들과 절을 찾으니 대웅전에서 참배하는 것도, 전각 곳곳을 둘러보는 것도 여유롭다.

  많은 사람들이 불교를 어렵다고 한다. 이는 과거 한문이 주가 되던 시절에 한문 경전을 봐야 했던 것이 원인이다. 반면 천주교나 개신교 성경은 한글로 해석돼 보급됐다. 불교는 내 마음이 내킬 때 사찰을 찾아간다. 절에 간다고 불교 교리를 듣는 것도 아니다. 그냥 각자의 방식대로 잠시 쉬다가 명상하다 올 뿐이다. 하지만 기독교는 3일을 주기로 성당이나 교회를 찾아 교리를 전해 듣는다. 상황이 이러니 당연히 불교가 어렵다. 혼자 공부하기도 어렵고, 출가를 하지 않는 이상 마땅히 교리를 체계적으로 알려 주는 교육기관도 없었다.

  불교대학은 이런 갈등을 해소해 준다. 불교의 기본 예법에서 시작해 부처님의 일대기와 가르침을 전문 강사와 스님이 잘 설명해 준다. 기초 교리는 3개월, 경전 공부반은 1년 과정인데 일주일에 몇 시간 강의를 듣는 것만으로 불교를 상당히 알 수 있다는 점을 볼 때 불교는 쉬운 종교다. 더구나 좋은 마음을 가진 도반까지 함께하니 얼마나 좋은 기회인가.

불교대학을 통해 불교를 접하면서 내 삶을 돌아보고, 미래를 설계하곤 한다. 하지만 오랜 직장 생활을 마감하고 사업을 준비하면서 갑갑한 일이 적지 않다. 넓은 바다를 바라보면서 산에서 불어오는 바람을 느끼며 법당에 앉아 명상을 하고 있자니 '참 좋다'는 생각이 든다. 어제 저녁까지 고민했던 일이 무엇인지 생각이 나지 않는다. 그저 자연을 바라보고 느낄 뿐이다.

향일암에서 그렇게 시간을 보내고 다시 버스에 올랐다. 향일암 곳곳에 아직 남아 있는 붉은 동백의 꽃들이 마음도 이처럼 툭 떨궈 버리라고 전하는 것 같다.

마음을 울린 산사 음악회

2018년 가을, 울산 언양의 절 백련사에서 열린 산사 음악회는 지금까지도 마음의 여운을 남긴다. 2000년 비구니 스님들이 창건한 백련사는 사찰 경내에 특설 무대를 만들고 '팔만대장경'을 주제로 작곡가인 김수철을 초청해 음악회를 열었다.

백련사는 대웅전과 템플스테이를 위한 요사채 정도로 구성된 작은 절이다. 대웅전에는 석가모니 부처님과 관세음보살, 지장보살이 좌정해 세인을 지그시 내려다보고 계시다. 그 아래에 마련된 특설 무대는 대웅전의 오색찬란한 단청과 가을을 물들이기 시작한 단풍과 어우러져 단아한 느낌으로 다가왔다.

깊어 가는 가을밤, 바람이 멈춰 풍경 소리마저 고요한 가을 산사를 산책하다 보면 나도 모르게 한층 맑아진 머리를 느낀다. 법당에서 은은하게 번지는 향 내음을 타고 번뇌도 어디론가 흩어진다. 산사 음악회를 기다리면서 경내를 거니는 것만으로 이미 행복이 가슴 가득 차 오른다.

 음악은 본디 마음을 편안하게 하는 것뿐만 아니라 사람과 사람 사이를 그물코 매듭처럼 이어 주는 하나의 가교가 된다. 가수 김수철은 파워풀한 음정으로 산사의 고요함을 일순간에 바꿔 놓았다. 저음과 고음을 자유롭게 넘나들며 쏟아내는 에너지는 듣는 사람들에게 세파에 찌든 마음을 정화시키기에 충분했다.

 몇몇 사람들이 적지 않은 비용을 지불하고 유명 가수의 음악회에 가곤 한다. 하지만 그런 사람은 지방에서는 아직 일부에 지나지 않는다. 대다수의 사람들은 TV를 통해 간접적으로 콘서트를 듣는다. 산사 음악회는 특히 지방의 사찰에서 열리기에 이런 갈증을 씻어 내어 준다. 마치 목마른 사람에게 건네는 청량한 물 한잔과 같다고 할까.

 몇 해 전인지 기억이 잘 나진 않지만, 구례 화엄사에 열리는 산사 음악회를 잠깐 본 적이 있다. 지리산을 찾았다가 잔잔한 음악 소리에 이끌려 산문을 넘었다. 그곳에서 명상 음악 축제가 열리고 있었다. 그 신비스런 소리를 어떻게 표현해야 할까. 아무런 생각도 없이 텅 빈 머리로 한참 동안 저 멀리 무대에서 흘러오는 소리에 빠져 있었다. 일행이 없었다면 끝까지 그 음악을 듣고 싶었다.

 이런저런 생각을 하면서 조금씩 찬바람을 안고 오는 산사의 기운을 느끼고 있었다. 어느새 공연장을 가득 메운 사람들이 생면부지임에도 마치 십년지기처럼 친해져 함께 박수를 치고, 웃음을 지으며… 그렇게 같이 노래를 부르고 어느새 리듬에 맞춰 하나가 되어 있었다. 산사에서 울리는 가수 김수철의 노래는 우리들에게 일체감을 전달해 주며 가을밤 깊은 울림으로 다가왔다.

 문화의 힘은 이런 것이구나. 백범 김구 선생이 해방이 된 조국의 미래에 대해 국력이나 경제력이 아니라 문화를 강조한 것도 바로 이런 까닭이었을까. 문화는 그 민족의 오랜 정서에서 나온 것이고, 민족이 더 아름답고 행복한 삶을 살아갈 수 있는 힘이고 용기라는 것을 산사 음악회에서 새삼 깨달았다.

2시간에 걸친 음악회가 서서히 클라이맥스로 치닫더니 막을 내렸다. 마치 화사한 동백꽃이 점점 붉어지더니 어느 순간 툭 꽃잎을 떨구듯, 절정에 다다른 마음을 툭 내려놓고 다시 일상으로 돌아가라는 듯, 음악회가 막을 내렸다.

한참 동안 자리에서 일어나지 못하고 있을 때, 몇몇 사람들의 박수갈채가 이어지고 앵콜 송이 다시 울린다. 초청 가수는 차마 대중의 박수를 외면하지 못해 준비한 곡 이 외에 한 곡을 더 뽑아 냈다. 그제서야 관중들 속에 파묻혀 산사를 내려올 수 있었다.

다음에 기회가 닿으면 친구와 함께 다시 산사 음악회를 찾고 싶다. 이런 분위기는 말로는 설명이 안 된다. 그냥 그 자리에 있어야만 알 수 있기 때문에.

포항 북부해수욕장을 거닐면서

충청도 내륙 지방의 산골에서 자랐지만 어느새 바다가 더 익숙하다. 고등학교 때까지 자란 그곳은 산골 중에서도 산골이었다. 시장에는 늘 갖가지 나물과 야채가 즐비했다. 포스코에 근무하면서 터를 잡은 포항은 바다 내음을 맡으면서 일어나 온갖 생선을 접하는 곳이다. 어찌 보면 극과 극인 생활 환경이지만 바다가 주는 안정감과 산이 주는 포근함은 정서적으로 결국 같아 보인다.

과거에는 포스코 인근 동네가 상권의 중심이었다면 지금은 죽도시장을 가운데 놓고 그 건너편 북부해수욕장으로 상권이 옮겨왔다. 젊은이들도 많이 찾을 뿐만 아니라 외지에서 온 관광객도 적지 않다. 그도 그럴 것이 북부해수욕장이 주는 이지적인 풍광 때문일 것이다.

넓은 해수욕장을 거닐면서 사랑을 나누는 젊은 연인을 보고 있자면 마치 베트남이나 동남아의 어느 잘 가꿔진 해안가를 보는 느낌을 준다. 그 바다 건너편으로 우리나라 산업의 심장이라 표현되는 포스코가 웅장하게 서 있다. 300만평의 부지에 놓인 포스코는 바닷가 부두 전체를 차지하며 산업의 근간이 되는 철과 각종 물품을 생산한다. 한때 직원만 1만명을 넘어섰으니, 포항뿐 아니라 우리나라에서 차지하는 위상이 얼마나 큰지 규모만으로도 알 수 있다.

최근에는 포스코에서 바닷가를 따라 LED 불빛을 수놓으면서 더 아름다움을 쏟아내고 있다. 시간에 따라 바뀌는 불빛을 보고 있자면 마치 바다 위에 떠 있는 거대한 배와 같은 느낌을 준다. 북부해수욕장에서 보는 그 모습은 더 아름답다. 바닷물 위로 마치 잔잔한 물결을 이루며 몰려드는 불빛이 주는 광경은 그야말로 장관이다.

밤이면 이곳 일대는 다양한 먹거리를 즐기려는 사람들로 북적인다. 삼삼오오 거리를 거니는 회사 동료들, 데이트를 즐기는 연인이 즐비한 상가마다 가득 차지하고 있다. 바다 저 건너편 포스코를 보면서 술 한잔 즐기는 행복을 어디에 비유할 것인가마는 나이가 들어서인가, 그 사이에 테이블을 차지하고 술 한잔 즐기기에 미안함이 들기도 한다.

북부해수욕장에서 가장 장관은 해가 뜨는 새벽에 일어난다. 바다 위에 붉은 기운이 번지기 시작하다가 물 위로 쑥 하니 해가 솟아난다. 태양은 바다를 붉은 기운으로 물들이면서 멀리 포스코와 방파제 사이 바닷길을 가득 메운다. 그리고 나서 서서히 바다 위로 둥근 모습 전체가 뜨고 나면 눈이 부셔 직접 바라보기 힘든, 밝은 빛을 세상에 쏟아내며 사람들의 아침을 선사한다.

태양을 따라 인근 죽도시장에 가면 생생한 사람들의 활기가 가득 느껴진다. 새벽별을 보며 밤새 바다 위를 떠다니던 어선에서 잡은 생선들을 수백 명의 상인들이 경매하고 매대마다 가득 널어 놓는다. 갖가지 형태의 고동은 종류가 많아 아직도 다 이름을 모를 정도다. 다양한 어종의 생선으로 가득 채워진 죽도시장 일대는 바다 냄새로 가득 차 있다. 그 사이를 오가면서 오늘 장사할 생선을 사는 식당 상인들과 수십 년째 한자리를 지키면서 단골손님을 찾는 시장 상인들의 모습은 말 그대로 활기차다. 한쪽에서는 생선을 다듬는 손길이 역시 바쁘다.

　죽도시장 한편에는 서민들의 배고픔을 달래줄 식당이 늘어서 있다. 이른 새벽 시장을 찾아 필요한 생선을 구매한 사람들이 가장 먼저 식당을 찾는다. 수산시장이다 보니 외지인은 횟집을 찾지만, 현지인에게 인기가 높은 곳은 횟집이 아니라 집밥 맛을 내는 식당이다. 소머리국밥, 백반집이 늘어서 있는데, 어느 식당을 가나 맛이 좋다. 외지를 가서 식사를 하려면 오래된 식당을 찾는다. 한곳에서 오랫동안 장사를 하고 있다는 것은 그 맛이나 가성비가 이미 입증됐다는 의미다. 식객의 작가 허영만 선생이 찾았다는 백반집이 그중에서도 인기가 좋다. 보리밥에 된장, 생선구이가 기본으로 나오는데, 밑반찬도 깔끔하고 가격도 저렴하다. 굳이 이 집이 아니라도 좋다. 주변집 모두 대동소이한 맛과 가격으로 오랫동안 죽도시장에서 정성스런 밥을 전해 주고 있는 곳이다.

　날이 더워지면 물회 집도 바빠진다. 빨리 한 끼 식사를 해결하면서 생선과 야채를 고루 먹을 수 있는 물회는 어디를 가나 인기 식단이다. 산골에서 자란 까닭에 포항에서 처음 물회를 접했지만, 지금은 단골 물회 식당을 포항 시내 곳곳에 두고 있을 정도다.

　포항은 항구마다 특징이 있다. 구룡포 어시장은 대게와 과메기로 활기를 띠고, 오천어시장은 말린 생선과 다양한 먹거리가 존재한다. 동해에서 가장 큰 시장인 죽도시장은 그야말로 온갖 생선이 전시된, 매우 저렴하게 원하는 생선을 살 수 있는 곳이다.

아침 한 끼를 해결하고 다시 북부해수욕장으로 왔다. 맨발로 해수욕장을 한 바퀴 돌아보면서 휴식을 취한다. 저 바다는 얼마나 많은 자원과 생명을 우리에게 주고 있는가. 단지 그 혜택을 받는 데서 그치면 안 된다. 저 자연을 지켜 후손에게 전해 주기 위해 지금 우리도 무언가를 해야 한다는 생각이 든다.

만약에 내가 단양에서 일자리를 찾고 살고 있었다면 지금의 나는 어떤 모습일까. 산 위로 떠오르는 태양과 바다 위로 떠오르는 태양은 전혀 다른 느낌이다. 새벽이면 나뭇잎의 냄새가 가득한 단양과는 다른 바다 내음 가득한 포항의 공기를 맡는다. 세계 지도를 보면 동쪽 끝 작은 나라지만, 그 안에서 사는 사람들은 이처럼 전혀 다른 환경에서 조화를 이루면서 살아가고 있다.

추억 속의 산을 그리면서, 바다를 보면서 맞는 포항 북부해수욕장의 아침이 상큼하다.

과메기, 죽도시장, 그리고 포항 사랑

한낮의 햇살과 하늘은 아직 눈부시게 반짝이던 2023년 12월이 막 시작될 즈음. 식구들과 함께 과메기 축제가 열리는 구룡포 포구를 향해 달렸다. 지난 2년간 코로나로 인해 열지 못했던 과메기 축제가 3년만에 부활했다. 지구 온난화로 인해 물고기들의 생태가 바뀐다면 과메기도 포항에서 사라질 수 있다는 생각을 하면 그 전에라도 과메기를 즐기자는 마음이 더 깊게 고개를 든다.

과메기는 11월~2월까지 제철로, 축제는 11월 중순 이후 12월 초 사이에 열린다. 이때 최고로 고소하고 맛있으며 진공 포장하여 냉동으로 보관하면 오래 먹을 수 있다. 백두대간에서 출발해 호랑이 꼬리의 정기를 품은 구룡포항, 구룡포에서 호미곶 해안 곳곳에는 줄줄이 꿰인 과메기가 바람결에 파도처럼 넘실댄다. 사방팔방 둘러보면 덕장에는 온통 과메기로 빼곡히 차 있다. 이곳 구룡포 어느 초등생 일기장에서 겨울이 오면 "엄마를 과메기에게 빼앗겼다."라고 할 만큼 구룡포 사람들은 눈코 뜰 새 없이 작업하기에 바쁘다. 명물 과메기 덕분에 한철 생산으로 괜찮은 수입이 들어오지만 찬바람 쌩쌩 부는 해변에서 동동거리면서도 전통과 긍지로 정성을 들인다.

과메기가 포항의 명물 별미로 떠오르면서 겨우내 덕장은 더욱 분주하고 활기차게 돌아간다. 과메기는 청어의 눈을 꼬챙이로 꿰어서 말렸기 때문에 눈을 뚫은 물고기라는 뜻으로 관목어貫目魚라고 불렀다. 관목어가 세월이 흐르며 '과메기'라는 지금의 이름으로 불리게 되었다. 과메기는 겨울 바다 해풍으로 청어를 열흘 정도 얼렸다 녹였다 반복하며 그늘에서 말린다. 요즘엔 청어 대신에 꽁치로 내장을 빼내고 만들어 더욱 위생적이며 쫀득하고 꼬들꼬들해 씹을수록 고소하고 담백한 맛이라 한 번만 맛보면 마니아가 된다고 한다.

과메기의 효능에 대한 연구도 이어지고 있는데, 연구에 따르면 과메기는 항알코올성 간질환 예방 및 치료 효과를 지녔다고 한다. 고단백 식품으로 비타민 A, E도 많으며 DHA, EPA, 오메가3 성분이 많아 혈관 질환 개선 및 항산화 작용이 뛰어나며 뇌 건강에도 좋을 뿐더러 맛 또한 일품이다.

과메기 안주로 술을 마시면 술이 취하지 않는다는 말이 있는데, 과메기에 숙취 해독에 좋은 아스파라긴산이 엄청나게 들어 있기 때문이라고 한다. 여성들의 피부 미용, 다이어트에도 좋아 김과 생미역에 과메기를 초장에 찍어 채소와 함께 넣은 과메기 쌈은 아주 특제 건강 별미다. 먹어 보지 않고서는 그 특유의 씹을수록 쫀득하면서도 고소한 감칠맛을 표현하기가 쉽지 않다.

동해 짙은 물빛과 파도 소리가 잘 어우러진 과메기 덕장은 독특한 겨울 풍경화로 다가온다. 맑은 해풍이 적당한 염분으로 어루만진 과메기 특유의 꾸덕꾸덕 쫀득한 감칠맛은 어쩌면 동해의 푸르고 깊은 속마음을 닮았는지도 모른다.

　구룡포1리에서 과메기 문화거리 축제장인 '아라광장' 까지 약 1km를 각 포항시 단체 만장과 화려한 취타대가 동해 용왕님을 모시고 도착하면 1년을 기다린 축제가 시작된다. 대북 공연의 웅장하고 멋진 어울림 소리에 박수갈채와 환호가 쏟아지고 포항 시장님 축사가 이어지면서 시민과 관광객이 함께 어울려 먹을거리, 볼거리가 아주 풍성한 과메기 축제가 파도를 타기 시작했다. 또한 꽁치 살을 발라내고 다져서 끓인 시원한 꽁칫국, 대게 국물 어묵은 포항에서만 맛볼 수 있는 전통 음식이라 절로 콧노래도 나온다.

　과메기는 수산물 품질 인증제를 실시해 신선도를 소비자가 직접 눈으로 확인할 수 있는 체크 스티커(신선: 은색, 주의: 10도 이상 노출시 노란색)가 있어 위생과 품질을 믿을 수 있기에 더욱 안심이다. 이제 과메기는 술안주뿐만 아니라 조림, 무침, 구이, 튀김, 덮밥과 국간장, 진간장 등 발효 음식까지 다양하게 개발돼 시판되고 있다.

　포항의 명물 세 가지는 '포스코', '과메기', 그리고 동해안에서 제일 큰 재래시장인 바로 '죽도시장' 이다. 포항 시내에서 가까운 영일대 해수욕장의 멋진 해상 누각에 석양이 물들기 시작하면 멀리 보이는 포스코의 아름다운 불빛은 점점 짙어져 가는 어둠과 대비되어 찬란하게 빛나기 시작하는 포항, 아니 대한민국의 거대한 보석이 아닐 수 없다.

　죽도시장은 50년 전 포항 내항 노점상들이 하나둘씩 모여들어 지금은 점포만 1,500여 개가 되었고 건어물 골목, 혼수 골목, 회 골목엔 선어회, 포항 물회, 과메기 등 포항의 특산물들이 싱싱하며 가격은 싸고 품질과 맛은 좋기로 유명하다. 늘 사람들이 북적대는 활기 차면서도 덤도 많은 정겨운 이 재래시장이 더욱 번성해 오랫동안 활성화

되었으면 참 좋겠다.

　시내서 조금 더 바닷가로 나아가면 동해 푸른빛이 출렁대는 호미곶에서 포항 형산강까지 곳곳이 달력 사진이 될 만큼 아름다운 해안도로를 달릴 수 있다. 포항시는 몇 년 전부터 많은 예산을 들여 청림동 냉천 하류에서 호미곶을 경유해 구룡포에 이어 장기면까지 연결하는 구간을 조성했다. 특히 호미반도 해안 둘레길은 한반도 최동단의 아름다운 해안 따라 천혜의 기암절경을 감상할 수 있고 파도 소리를 들으며 오랜 시간 힐링 로드로 손색이 없는 곳이다.

　대한민국에서 제일 먼저 해가 뜨는 영일만의 호미곶 일출은 예로부터 조선 10경 중 하나라고 했을 만큼 장엄하고 찬란한 해돋이의 감동을 느낄 수 있다. 특히 바다에 우뚝 솟은 '상생의 손' 조형물 앞은 해돋이 명당 중 명당으로 꼽힌다. 1월 1일 연초 '해맞이축제' 때에는 새해 소망을 비는 해돋이가 끝나면 어마어마한 큰솥에 관광객이 직접 불을 때 끓인 1만 명의 뜨끈한 새해 떡국을 다 함께 나누어 먹는 경험도 권해 드리고 싶다.

　푸른 바다에 아홉 마리의 용이 살고 있다는 구룡포에서 열리는 과메기 축제는 포항에서 살면서 즐길 수 있는 문화의 하나로 자리했다. 수십 년 포항 삶에서 친구가 되어 준 과메기 축제. 이 시기에 포항 여행을 하려는 문우라면 누구든 연락해 주시기 바란다. 겨울이 시작되는 동해 바다에서 과메기에 술 한잔 같이 넘기고 싶다.

백두산 여행기

 2009년 9월, 청량한 가을바람을 느끼며 부산을 출발해 만주 벌판의 중심 도시 심양으로 향했다. 1천500년 전 고구려인이, 발해인이 말을 타고 달리며 강국을 세웠던 곳이지만, 지금은 중국 비자를 받아야 갈 수 있는 땅이다.
 심양역에서 야간 열차로 하루를 보내고 이도백하, 백두산 서파, 용정을 거쳐 연길을 둘러보는 일정으로 백두산 여행에 나섰다. 해외를 갈 때면 늘 새벽잠을 깨기 마련이다. 아무리 서둘러도 비행기 탑승까지 시간이 너무 빠르게 지나간다. 결국 아침은 대한항공 기내식으로 점심을 겸해 대체해야 했다. 자리에 앉아 비행기가 고도에 오르자마자 기내식이 나온다. 빨리 먹고 치우고, 차 한잔 마시고 나면 중국이다. 11시 20분 활주로를 벗어난 비행기는 불과 1시간 후 중국 심양 공항에 도착했다. 시차 한 시간을 빼면 2시간 비행한 것이다.
 심양에서의 첫 행선지는 요녕성 박물관이었다. 이 박물관에는 심양을 거점으로 활동했던 여진·거란 민족의 유물이 전시돼 있으며, 3층에는 고구려 유물이 있다. 1천년 전 유물을 대하지만 일행 대부분이 별로 관심이 없어 보인다. 덩달아 잰걸음으로 유물을 대강 둘러보고 심양고궁으로 발길을 옮겼다. 심양고궁은 세계문화유산에 등재된 곳으로 청나라 초대 황제인 누루하치와 2대 황제 태종이 건립한 궁으로 자금성에 비할 바는 아니지만 처음 중국 여행하는 분들에게는 중국 여행 중임을 알려주기에는 충분했다.

중국에서는 지방의 작은 도시지만, 900만명이 몰려 사는 심양은 결코 작은 도시가 아니다. 특히 역 주변을 가니 생각보다 많이 컸고 깨끗하게 정돈되어 있는 편이었지만 사람이 너무 많아 혼잡했다. 중국은 관시문화關係文化(관계문화)라 한다. 우리나라도 그런 경향이 있지만 중국은 지금도 조금만 연줄이 있으면 모든 것이 통한다고 한다. 거기에다 몇 푼의 돈만 쥐어 주면 급행으로 일이 처리된단다.

중국 기차 여행은 그리 즐겁지만은 않았다. 좁은 열차 공간에서 중국인과 혼숙되어 마치 피난민을 방불케 하고 있으니까. 하지만 시간이 흐르면서 다시 평온을 되찾게 되고 밤이 깊어 삼삼오오 모여 술잔이 오가면서 분위기는 완전히 바뀐다. 어느덧 10시가 되고 소등 시간이 됐다. 일행은 중국 첫날밤을 열차의 침대에서 보냈다. 여느 호텔 못지않게 푹 잠들고 나니 개운하다.

다음 날, 열차에 처음 오르던 어제와는 사뭇 다른 표정들이다. 열차에서 만난 현지인과 손짓 발짓으로 대화를 하거나 연변의 조선족을 이웃인 양 반기며 나름대로 여행을 즐기는 사이, 열차는 송강하에 도착했다. 역을 나서니 백두산행 전용 버스와 현지 가이드가 우리 일행을 반갑게 맞아 준다. 서둘러 식당에 들었다가 산행에 나섰다.

백두산 여행은 동파, 서파, 남파, 북파坡(언덕) 이렇게 크게 4가지의 관광 코스로 나누어져 있는데, 여행객들이 가장 많이 찾는 코스인 북파 코스는 편리하게 차량을 이용해서 백두산 천지까지 가볍게 올라갈 수 있다. 우리가 택한 서파 코스는 셔틀버스로 천지 경계비 아래까지 이동하는 경로다. 셔틀버스는 중국인들로 만원이었다.

셔틀버스로 오르는 길 중간중간, 푸른 초원이 보이고 백두산의 줄기와 구릉이 길게 뻗어 장관을 이뤘다. 버스에서 내리니 날씨가 제법 쌀쌀하다. 그러고 보니 중국인들은 여름 반팔을 입은 사람, 두꺼운 외투를 입은 사람, 비닐 우의를 입은 사람 등 가지각색이다.

버스에서 내려서부터는 산행 코스다. 그리 길지는 않고 30분 정도 계단을 오르면 천지에 도착한다. 한 계단 한 계단, 3년 전 왔던 천지의 모습을 그리며 올랐다. 새로운 나를 만나기 위해, 깊은 마음의 치유와 변화가 필요할 때 모든 것을 내려놓고 새롭게 도전하는 마음으로 백두산을 올랐다.

천지는 활짝 열려 있었다. 누구나 할 것 없이 감탄사를 연발한다. 옥빛의 천지는 작은 구름이 그림을 그려 더욱 아름답게 보인다. 바람이 어찌나 세차게 부는지 모자를 더 이상 쓰고 있을 수 없어 두건으로 헤어스타일을 바꾸었다. 그러고 보니 트레킹 하는 자세가 절로 나왔다.

힘들게 찾은 천지지만, 아쉽게도 여기서 오래 머물 시간은 없었다. 늦은 시간에 등정을 한 까닭에 잠시 사진을 찍고 천지를 감상하고는 다시 백두산을 내려가야 했다. 여기서부터 트레킹으로 백두산을 내려가야 한다.

마천우를 지나면서 야생화 군락을 만났다. 정말 다양한 야생화들이 많아 오래 담고 싶지만 일행들에게 민폐가 될까 서둘러 야생화들과 작별을 했다. 이곳에 돌탑이 즐비하다. 중국인들은 대부분 서파

트레킹을 하지 않는다고 하니, 우리나라 사람들의 작품이리라.

　빨리 북한이 개방돼 남파 방향으로 트레킹 할 날을 기대하면서 청석봉을 지나 한허계곡 발꿈치를 보며 도시락으로 허기를 때웠다. 이어지는 백운봉은 서파 코스 중 가장 난코스로 꼽힌다. 일행 중 한 명이 고소증으로 인하여 구토와 자꾸 졸리다고 하소연한다. 나는 백운봉을 우회해서 선두 그룹을 만나 논의하여 뒤처진 일행들을 기다렸다.

　현지 가이드는 시간이 늦었다고 독촉하고 후미는 자꾸만 늦어지고 있고, 결국 북파 쪽의 가이드와 전화로 시간을 다시 정해 늦어도 6시까지 도착하면 추가 요금으로 셔틀버스를 운행해 주기로 합의했단다.

　녹명봉을 지나니 또 다른 천지의 모습을 보여 준다. 이렇게 천지는 시시각각의 형태로 우리를 즐겁게 한다. 녹명봉에서 내려서면 다시 화원이 펼쳐진다. 이곳 백두산은 9월이면 눈이 내려 이듬해 6월까지 눈이 있지만 짧은 시간 속에서도 야생화들은 피고 지고 있다. 어쩌면 그래서 백두산의 야생화들이 우리 민족의 정기를 닮았다는 생각을 가져 본다. 이제 마지막 봉우리라 할 수 있는 차일봉으로 올랐다. 차일봉에서는 북파 쪽의 천문봉이 시원스레 보인다. 지난번 백두산을 찾았을 때 올랐던 곳이다. 이번 북파팀들도 아마 저곳에서 우리를 바라보고 있지는 않을까 하는 생각을 해 본다.

　차일봉에서 내려서니 한결 바람이 조용하다. 마치 평야처럼 펼쳐진 녹지대를 한 줄로 일행들이 걸어가는 모습은 또 다른 그림을 연출한다. 등산로가 따로 있지는 않지만 돌에 붉은 천으로 묶어진 것이 시그널의 전부다. 마치 천상의 화원 같은 길을 내려서니 관리인들이 묵는 천막이 보이고 바로 아래 장백폭포로 내려가는 길이 보이고 조금 더 내려서면 장백폭포이다. 비룡폭포라고 부르기도 하지만 지금은 폭포 옆으로 난 길을 중국 정부에서 위험하다고 폐쇄하였다고 한다. 장백폭포를 배경으로 기념사진을 찍고 다시 옥계폭포를 지나 셔틀버스가 있는 주차장에 정시에 도착할 수 있었다.

백두산의 꿈같은 트레킹을 마치고, 다음 날 편한 마음으로 관광에 나섰다. 김좌진 장군의 청산리 전투로 유명한 선복령을 찾았다. 화룡현에서 북서쪽으로 가면 청산리 대첩을 기리는 전적비가 자리 잡고 있다고 한다. 이 전적비는 김좌진, 홍범도 장군이 일본군을 유인하여 섬멸한 곳으로 청산리 대첩을 기리기 위해 인근 주민들이 자금을 마련해 건립했다. 하지만 기념비 하나를 보기 위해 먼 거리를 이동하기에는 무리일 성싶다.

양봉장, 장뇌삼 매장 등을 둘러보고 우리는 용정에 도착했다. 차창 밖으로 일송정을 보면서 생각에 젖는다. 지금의 일송정 소나무는 옛 소나무가 아니다. 원래 산 정상에 우뚝 선 한 그루의 소나무가 정자처럼 생겼다 하여 붙여진 이름인데 마치 산 정상에 독야청청한 모습으로 우뚝 선 소나무가 독립의식을 고취하는 상징이 됐다. 그러자 일제가 민족정신을 일깨우는 소나무라 하여 고사시켜 버리고 1991년도에 한국의 후원으로 다시 소나무를 심어 정자를 짓고 복원하였다고 한다.

일송정을 지나니 저 멀리 해란강이 보인다. 절로 선구자란 노래가 입 밖으로 나오지 못한 채 입안에서만 맴돌다 이내 사라져 버린다. 용문교 아래로 해란강이 유유히 흐르고 있다.

다음으로 찾은 곳은 북간도에 위치한 용정중학교다. 용정중학교는 본래 대성중학교였다. 일제의 탄압으로 용정중학교로 이름을 바꿨는데, 정문을 기준으로 오른쪽으로는 옛 대성중학교의 건물이 있다. 일제 강점기에 많은 독립투사와 애국지사를 배출한 곳이기도 하다. 구관 앞에는 윤동주 시비詩碑가 세워져 있으며, 2층 전시관에는 기념관으로 사진, 화보, 책자 등이 전시되어 있다. 어두운 시대에 꺼지지 않는 등불 같았던 윤동주 시인의 삶, 그리고 그의 서시는 지금까지 우리 마음속에 고스란히 전해져 내려오고 있다.

백두산 여행에서 빼놓을 수 없는 코스가 도문이다. 중국과 북한의 접경지대인 까닭이다. 이곳 도문대교 중간쯤에서 북한과 중국 국경으로 나뉜다. 저 가운데를 나눈 선 하나만 넘으면 북한인데, 우리 민족은 60년 세월을 그 선을 넘지 못하고 있구나.

두만강은 중국에선 도문강이라 불린다. 두만강은 북한의 벌거숭이 산으로 인해 비만 오면 황톳물이 흘러내려 지금은 황톳물이 된 지 오래됐다고 한다.

두만강의 뗏목은 슬픈 전설을 간직하고 있다. 일제가 36년간 우리의 자원을 수탈해 가기 위해서 두만강과 압록강 유역의 원시림을 벌채해 뗏목을 이용해 가져갔다. 지금은 우리가 대나무 뗏목으로 유희를 즐기고 있지만 그저 낭만으로만 볼 것이 아니다. 뗏목에서 내려 막걸리로 두만강 푸른 물은 아니지만 나름 운치 있게 한 잔씩 하고 다음 여정으로 발길을 옮겼다.

짧은 백두산 여행은 짙은 아쉬움을 남기며 이렇게 지나갔다. 아쉽기 때문에 다음에 다시 올 수 있을지도 모른다. 강변에 비친 연길 시내가 수년 전과 사뭇 다르다. 급성장하는 도시의 모습을 보면서, 연길 경제를 이끄는 대부분의 자본이 우리나라에 살면서 모은 돈이라는 말에 한편으로 쓸쓸함도 느끼게 한다.

중국을 찾을 때면 늘 변화를 떠올린다. 거대한 인구와 땅을 가진 중국이 활발하게 움직이고 있다. 나비의 작은 날갯짓이 토네이도를 만들어 낸다는 '나비효과'가 이런 것일까.

백두산으로 향하면서 덤으로 얻었던 한 시간을 다시 반납하면서 비행기는 김해 공항 활주로에 다달았다. 여행의 로망으로 유랑 벽과 나그네의 유전자와 역마살의 끈까지 갖고 있는 나는 여전히 어딘가 길 위에 서 있다. 언제나 나의 옆자리를 채워 주는 안사람은 여행의 동반자다.

끌림, 그 끌림의 자리에 운명을 넘어 숙명의 인연 고리를 다시 맨다. 다음 여행지는 어디가 될지 모르지만….

캄보디아에서 찾은 행복

앙코르와트 사원에서 보듯 한때 인도차이나반도를 대표했던 나라, 하지만 지금은 세계 최빈국의 하나로 전락한 캄보디아. 2012년 찾았던 캄보디아의 기억은 지금도 생생하다.

캄보디아를 떠올리면 생각나는 두 가지 단어는 킬링필드와 앙코르와트일 것이다. 정권을 유지하기 위해 수많은 사람들을 잔인하게 죽인 '킬링필드'. 지금도 그 만행의 흔적이 곳곳에 남아 있는 곳이 캄보디아다. 수많은 지식인이 죽임을 당했고, 이후 캄보디아는 최빈국으로 전락했다. 반면 프랑스의 탐험대가 발견했다는 앙코르와트 사원은 감탄할 만한 규모와 곳곳에 가득한 미술품으로 인해 캄보디아의 가장 중요한 문화 관광 자원으로 위치하고 있다.

나는 2012년 회사 직원들과 함께 캄보디아를 찾았다. 씨엠립으로 가는 대한항공 소형 직항기는 김해 국제공항을 이륙하였다. 해외여행을 갈 때면 늘 끼니를 거르게 된다. 미리 짐을 싸놓아도 무언가 빠진 것이 있고, 그러다 보면 빠르게 다가오는 비행기 시간으로 인해 식사를 거르게 된다. 비행기가 정상 고도에 이르기를 기다려 기내식을 먹을 때면 비로소 안도감이 찾아든다. 기내식은 허기진 배를 채워 주기도 하지만 낯선 이국땅으로 가는 여정에서 오는 긴장감을 완화시켜 주기도 한다.

하지만 여행 전 느끼던 설렘도 잠시, 좁은 좌석에 몇 시간 동안 꼼짝없이 앉아 있느라 지루함과 피곤함으로 몸이 뒤틀린다. 비행기는 5시간을 날아 씨엠립 국제공항에 무사히 착륙했다.

트랩을 내려 출국 수속차 환승 라운지에서 기다리고 있는데, 감청색 유니폼을 입은 세관 직원이 직접 마중을 나왔다. 세관 직원에게 비자 발급 서류 외 추가로 10달러씩을 더 내면 입국 심사를 받지 않고 그냥 급행으로 통과시켜 주겠다며 가이드와 즉석에서 흥정이 벌어진다. 국제선 입구에서 대놓고 벌어지는 부패한 관행이 캄보디아의 단면을 보여 주는 것 같아 한편으로 씁쓸하다. 또다른 한편으로 그동안 한국 사회에서 갖고 있던 나의 생각을 모두 버리고 텅빈 마음으로 캄보디아를 바라보라는 가르침 같은 마음도 든다. 여행은 모름지기 편견을 버리고 그 나라의 생활과 문화를 바라볼 때 제대로 느낄 수 있기 때문이다.

남국의 정취가 물씬 풍기는 씨엠립 공항은 높은 습도와 더운 열기로 가득했다. 에어컨을 틀어놓고 일행을 기다리고 있는 미니 버스에 오르자 "살 것 같다"는 말이 여기저기서 들린다. 끈적끈적한 피부는 에어컨 아래에서 빠르게 말랐다.

소카레이 앙코르 빌라에 도착해 우리는 여장을 풀었다. GNP 1,000달러에 불과한 캄보디아지만 외국 관광객을 위해 외자를 유치해 건설한 호텔들은 비교적 잘 지어져 있었고 우리가 투숙한 호텔도 넓은 풀장까지 갖춘 최고급 호텔로 불편함이 전혀 없었다.

다음 날 찾은 앙코르와트는 앙코르 유적군의 대표적인 사원으로 제일 크고 높으며 가장 아름답고 완벽한 사원이다. '앙코르'는 왕조를 의미한다. '와트'는 사원을 뜻한다고 하니 크메르 제국 왕조의 사원이라는 의미다. 유네스코가 지정한 불교 성지이면서 세계 최대 규모 사원인 앙코르와트는 본래 힌두교 사원이었다. 완공 후 30년 후 불교 사원으로 바뀌었다고 한다.

이 사원의 백미는 오랜 역사와 웅장한 규모는 물론이고 오래전에 거대한 규모로 지어졌음에도 전혀 손색이 없는 고도의 정교한 건축 기술에 있다. 그리고 문물이 발달하지 않았던 12세기 건축물이지만 매우 짧은 시간에 건축되었다는 점에 있다.

앙코르와트는 둘레만 5.6km이며 중앙 성소탑(메루봉)의 높이는 65m이다. 만약 현대의 과학과 건축 기술 그리고 장비를 이용하여 앙코르와트를 만든다면 얼마나 걸릴까? 전문가들은 100년이 걸릴 것이라고 한다. 그러나 약 천 년 전 사람과 코끼리 힘만으로 이 사원을 37년 만에 완성하였다고 한다. 크메르 왕조의 영향력이 얼마나 컸는지를 가늠할 수 있으며, 한편으로 인간의 의지와 한계가 어디까지인가 생각하게 한다.

돌들(사암)은 앙코르와트에서 40km 떨어진 프놈 쿨렌에서 채취하여 코끼리가 운반하고 사람이 쌓고 조각하여 만들었을 것이라고 한다. 앙코르와트는 3층 구조로 이루어져 있으며, 1층은 미물계, 2층은 인간계, 3층은 천상계로 나누어져 있다. 1층에서는 힌두교 신화 이야기들의 부조(돌에 그림을 새김)를 볼 수 있다. 힌두교는 3대 주신이 있는데 창조신인 브라흐마와 이를 유지하는 비슈누, 그리고 파괴신 시바가 있다. 만들고 유지하지만 결국에는 사라지는 이치를 담은 모습이다.

2층에서 바라본 앙코르와트 3층의 모습과 70도 급경사로 지어진 천상의 계단은 '인간이 신에게 가는데 어찌 걸어올 수 있겠는가? 기어서 오라'는 의미가 담겨 있다고 한다. 관광객들이 기어오르는 모습을 바라보고 있으면 정말 신 또는 외계인이 건설했을지도 모른다는 생각이 든다. 어떻게 이런 건축물을 짧은 시간에 완벽하게 지을 수 있었을까? 중앙 메루봉인 최고 높이 65m 마지막 돌은 어떻게 올릴 수 있었을까?

크메르 왕조가 몰락하면서 이 거대한 사원도 나무와 풀에 뒤덮이면서 잊혀져 갔다. 동남아 사람들 가운데 호기심이 높은 몇몇 탐험가만 이곳을 찾았다고 하는데, 프랑스 박물학자가 1860년에 캄보디아를 찾았다가 여행록을 통해 앙코르와트를 소개하면서 서구 사회에 알려졌다. "신전의 아름다움은 솔로몬의 신전이나 미켈란젤로의 작품에 비견될 정도"라는 그의 평가는 많은 호기심을 자극했고, 결국 프랑스는 1863년 캄보디아를 식민지로 삼기에 이르렀단다.

프랑스는 앙코르와트의 문화 유적 일부를 떼어 프랑스로 옮겼다. 그러나 정작 이 문화유산을 망친 것은 살인자 집단인 크메르 루주였다. 정권에 위협될 소지가 있다며 지식인 대학살을 했던 크메르 루주는 앙코르와트에 남아 있던 목조 건축물을 잘라 장작으로 사용했고, 베트남과의 전쟁으로 앙코르와트는 또 한 번 큰 손상을 입었다.

하지만 앙코르와트는 워낙 거대한 건축물이었다. 지금 남은 문화유산만으로도 감탄에 감탄을 이어 가도록 하니 말이다.

캄보디아에서 또 하나 빼놓을 수 없는 문화 유적은 바이욘 사원이다. 이 사원은 자야바르만 7세가 자신을 위해 건축한 사원이다. 크메르 제국의 중흥 군주로 불리는 자야바르만은 1177년 참족(베트남)에 의해 나라가 멸망 직전까지 갔을 때 수도를 앙코르 톰으로 천도하고 불교를 국교로 받아들여 국가를 유지해 나갔다. 그가 지은 이 사원에 전통적인 불교 조각을 곳곳에 새겼는데, 글씨를 모르는 국민들을 위해 그림으로 불교의 가르침을 전하고자 했던 것이다.

그는 앙코르 왕조에서 가장 위대한 왕이며, 또한 대단한 효자라 한다. 어머니를 위해서 '타프롬 사원'을 건축했다고 한다. 타프롬은 안젤리나 졸리가 출연한 영화 '툼레이더'의 촬영 장소로 더 많이 알려진 유적지이다. 이 사원에서는 '자연과 인공 구조물의 조화', '파괴의 미학', '폐허의 미학'을 발견할 수 있다.

이 사원에서 사고뭉치 스펑나무를 볼 수 있다. 스펑나무는 수백 년간 방치되어 있는 석조 건물의 주인장 노릇을 하고 있다. 뿌리가 건물 사이로 비집고 들어서 사원의 일부는 붕괴, 파괴되기도 하고, 건물에 뒤엉켜 있는 스펑나무의 뿌리는 이미 사원의 대표적인 경관으로 자리 잡고 있다.

타프롬 사원의 파괴 주범인 이 나무의 특징은 생명력이 엄청 뛰어나다고 한다. 이 나무들이 더 자라면 사원이 무너지기 때문에 주요 나무에 성장 억제제를 투약한다고 한다. 그러나 비옥한 황토, 토양과 일조량, 우기 때 강우량을 바탕으로 스펑나무들은 약 기운을 이겨내고 자라며 열매를 맺어 성장하고 있다고 한다. 머지않아 이 사원도 곧 자연으로 돌아가면 어쩌나 하는 걱정스런 마음도 든다.

사원 안쪽에는 4개의 비슷한 방이 있다. 이 중 하나는 '통곡의 방', '공명의 방'이라 불린다. 자야바르만 7세의 어머님이 돌아가셨지만 왕이기 때문에 백성들 앞에서 울지 못하고 이곳에 와서 울었다고 한다. 이후 이 방에서 신체의 다른 곳은 반응이 없으나 가슴을 치기만 하면 "쿵" 하는 울림이 생기고 있다. 우리도 실험을 해 보니 "쿵" 하더라는 얘기는 믿거나 말거나.

밀림으로 둘러싸인 흙길을 걸어가다 보면 아련한 음악 소리가 들려온다. 연주하는 사람들은 전쟁(내전) 당시 목숨을 걸고 싸우던 용사였지만 발목 지뢰에 부상을 입어 퇴역하고 생계를 이어 가기 위해 악단을 만들어 연주하고 있다고 한다. 한국 사람들이 지나가면 '아리랑'이 울려 퍼지기도 한다.

하루의 관광을 마치고 맞이하는 저녁 식사는 그 어느 때보다 즐겁다. 이곳 현지인들은 삼겹살을 안 먹는다고 한다. 이 맛있는 음식을 왜 안 먹는지 우리네 입장에서는 이해가 안 가지만 "그 덕에 우리가 더 많이 먹을 수 있지 않냐."라며 말하는 우스갯소리에 다들 "맞다, 맞다" 맞장구치며 삼겹살 쌈을 입으로 가져갔다.

저녁 식사가 막바지에 이를 무렵 누군가의 노래 한가락이 씨엠립의 밤하늘 멀리까지 울려 퍼진다. 이국에서 한국 음식을 먹으면서 맞는 밤의 정취가 색다르다.

캄보디아 마지막 날. 우리의 가을 하늘 같은 씨엠립의 맑고 파란 하늘을 모두 담을 수만 있다면, 무언가 채워지지 않는 허전함이 없어질지도 모르겠다는 생각을 했다. 알 수 없는 그리움이 가슴을 싸하게 할 때, 무언가 채워지지 않는 허전함에 초점이 흐려질 때 내가 서 있는 하늘을 올려다보며 오늘 씨엠립의 이 푸른 하늘을 생각한다면 아주 큰 위로가 되리라는 생각을 해 본다.

우리는 톤레삽 호수를 찾았다. 톤레삽 호수는 동양에서 가장 큰 담수호로서 미국에 있는 오대호와 구소련의 바이칼 호수, 아프리카 빅토리 호 등과 더불어 세계 4대 담수호 중 하나다. 톤레삽의 면적이 크고 넓어지는 이유는 우기 때 메콩 강의 강물이 역류해 올라오기 때문이라 한다.

톤레삽에는 배를 타고 넓은 호수를 가로지르는 즐거움 외에도 베트남인이 사는 수상촌 마을의 모습을 볼 수 있다. 수상촌 마을 베트남 보트피플 족들은 대부분 어부이다. 베트남이 패망하면서 조국을 탈출하여 태평양과 톤레삽 호수로 몰려왔건만, 철천지원수 사이인 그들을 캄보디아에선 못 올라오게 하고, 조국은 배신자들이라 하며 받아 주질 않아 오갈 데 없어 정착하게 된 호수는 그들의 처절한 삶터이며 유일한 쉼터다.

거대한 담수호는 마치 바다에 와 있는 착각을 줄 정도다. 그런데 그 바다 같은 호수 위로 학교, 경찰서, 병원, 교회, 야채 가게, 당구장, 마트, 주유소도 있다. 다만 살아가는 방법이 다를 뿐이라며 열악한 환경이지만 밝게 열심히 사는 그 모습들에 뭉클해지기도 한다.

캄보디아에서 쇼핑을 할 때 라텍스와 섬유 제품을 둘러보라고 권한다. 각종 라텍스 물품이 발달해 있는데 한편으로 캄보디아는 섬유 산업도 급성장했다. 그런데 그 원인이 바로 우리나라다. 1960년대 우리나라 산업을 이끌었던 분야가 섬유 산업이었다. 그런데 섬유 산업은 단점도 있다. 노동집약형 산업이다 보니 저임금 체계에서 많은 사람들을 고용할 수 있는 장점이 있지만, 임금이 높아지면 수익 구조를 내기 어렵다. 그렇다 보니 국내 섬유업계들이 저임금에 풍부한 노동력을 찾아 캄보디아로 다수 이전을 했다.

세계적으로도 인정받는 우수한 우리의 기술이 전해진 까닭에 캄보디아는 섬유 분야에서 급성장을 이루고 있다. 아주 고급스런 넥타이를 이곳에서 5천원~1만원에 구입할 수 있다. 눈 밝은 여행객이라면 캄보디아 시장을 찾아 선물용으로 사서 전해 줘도 좋다.

이번 여행에서 캄보디아 수상촌 생활 모습이 가슴 저리도록 나의 삶에 와닿았다. 캄보디아의 옛 왕조가 석조로 건설한 웅장한 앙코르와트와 자연이 함께 어우러진 타프롬 사원의 경이로움과 자연 앞에 인간의 문명이 얼마나 덧없고 부질없는지를 실감 나게 느꼈다. 언젠가 내가 다시 캄보디아 앙코르 유적군을 찾게 된다면 앙코르와트나 앙코르 툼이 아닌 바로 이곳 타프롬 사원을 다시 보기 위해서일 것이다. 비록 우리 문화재는 아니지만 오랫동안 보존保存이 잘 되었으면 하는 마음이 간절하였다.

빈곤은 재앙이 아니라 불편일 뿐이란다. 도저히 살 수 없을 것 같은 척박한 이곳 환경과는 달리 사람들의 표정은 밝다. 맑고 파란 하늘만큼이나 나를 설레게 했던 건 아이들의 순수한 눈동자, 맑은 눈빛이다.

원 달러를 외치며 처음엔 "오빠, 멋있어요." 에서 중간쯤 와서는 "아저씨, 멋있어요." 마지막에는 "할아버지, 멋있어요." 로 바꿔 불러 우리에게 큰 웃음을 선사하는 모습조차도, 그런 그들의 눈동자는 맑은 호수 그 자체였다. 사람의 마음을 무장 해제시켜 버리는 그들의 순수한 영혼을 느낄 수 있는 눈동자를 바라보면서 혹여나 나의 복잡하고 계산적인 마음이 비칠까 봐 똑바로 쳐다볼 수가 없었다.

지금 내 마음처럼 좋은 사람에게로의 여행 같은 곳, 서로 묻고 말하지 않아도 눈빛만으로도 위안이 되는 곳. 어쩌면 내가 살아가는 데 있어서 잠시 스치는 순간에 불과한 짧은 시간이었지만, 이제는 '킬링 필드'의 참혹한 영화가 아닌 맑고 파란 하늘 그리고 내 영혼까지 깨끗하게 해 주는 아이들의 해맑은 눈동자에게 내 기억의 한 모퉁이를 내어 주며 서운한 마음 웃음으로 대신하며 안녕을 고했다.

몸을 살리는 음식

제5부

세상을 바꾼 소금

　세상을 바꾼 위인들의 이야기를 접하다 보면 의외로 그 시작의 소재는 작은 경우가 있다. 예를 들어 중국 삼국 시대의 한 장을 열었던 유비의 경우 관우와 장비를 만나 도원결의를 한 시발점은 '차茶'였다. 유비가 돗자리를 팔아 모은 돈으로 어머니를 위해 귀한 차를 사서 돌아오던 길에 황건적을 만났다. 황건적에게 차를 빼앗긴 유비는 그제야 황건적의 무도한 행태에 눈을 떴다. 만약 이 일이 없었더라면 그는 역사에 남지 못하고 평범하게 돗자리나 팔아먹고 살던 비루한 선비로 남았을 것이다.

　인도의 간디가 비폭력 저항의 상징이 된 것은 소금에서 시작됐다. 거창한 정치 개혁 등을 부르짖으며 인도 근대사를 이끈 것이 아니었다. 영국의 부당한 소금 정책에 대해 항의를 하면서 그는 국민적 영웅으로 떠올랐다.

　그런데 왜 간디가 비폭력의 상징이 되었는가? 무슨 사건이 있었던 것일까?

인도뿐 아니라 많은 나라를 식민 지배하던 영국은 다양한 방법으로 식민 지배 국가를 수탈했다. 그 방법의 하나로 고안한 것이 소위 소금 관련 법안이었다. 소위 소금에 높은 금액의 세금을 물린 것인데, 이 법에 따르면 인도인은 소금을 매매하거나 심지어 만지는 것조차 금지됐다. 즉 인도인이 염전을 일궈 소금을 만드는 것도 매매하는 것도 금지됐다. 오직 영국인이 높은 세금을 붙여 판매하는 소금을 사는 방법뿐이었다.

간디는 이에 인도의 한 염전 마을을 찾아 직접 소금을 손으로 움켜잡고 외친다. "어디 처벌을 해 봐라." 그리고 수도를 향해 십수일을 걸었는데 그 행렬에 동참하는 사람들이 기하급수적으로 늘어나자 영국은 깜짝 놀라 결국 소금세를 철회하게 됐다.

생활에 반드시 필요한 소금이었던 만큼 파급력도 적지 않았고, 억압을 받던 국민들의 각성도 그만큼 빠르게 일어났던 것이다. 마치 우리나라에서 3·1운동을 시작하자 기다렸다는 듯 전국에서 일제에 대해 저항운동이 일어난 것처럼.

이후 간디는 국민적 영웅으로 부상하면서 영국의 정책에 맞서 단식을 하는 등 다양한 방식으로 인도의 해방과 새로운 질서의 인도를 만드는 데 큰 역할을 하게 된다. 비유가 이상할 수 있지만 소금이 간디라는 인물을 만들어 낸 것이다.

우리나라에서도 소금은 매우 중요한 식재료이자 의학에서도 활용한 재료였다. 조선 중기 이후 중신이 고뿔, 즉 감기에 걸리면 임금이 하사한 물이 있다. 설탕물이었다. 서양에서 들어와 제한적으로 유통된 설탕은 당시는 매우 귀한 물건이었을 것이다.

반면 설탕물을 구할 수 없는 99.9%의 서민들은 소금물을 처방받았다. 『동의보감』을 쓴 어의 허준이 서민들에게 처방한 약재가 바로 소금이었다는 것은 잘 알려진 일이다.

설탕물이나 소금물이 어떤 기능을 갖고 있어서 감기 등 처방약으로 활용된 것일까. 우리의 몸은 피부막을 경계로 ＋, － 이온으로 형성돼 있다. 그런데 감기 등 병에 걸리면 이 이온층이 깨지면서 몸의 불균형을 이루게 된다. 그런데 설탕과 소금은 물에 녹아 몸으로 흡수되면 바로 전해질, 즉 ＋, － 성분으로 나뉘어져, 경계막의 균형이 깨진 부분을 메꾸게 된다. 그래서 병을 치유하는 가장 기본적인 약재가 소금이었던 것이다.

그런데 현대인에게 소금은 어떤 취급을 받고 있는가 한번 돌아볼 일이다. 저염식을 특히 강조하는 나라는 미국이다. 미국의 학자들이 여러 가지 연구 결과라고 제시한 내용을 보면 저염식이 건강에, 특히 신장 등에 좋고 소금은 인류의 적이라는 결과를 보여 주고 있다. 우리나라의 의학은 미국의 의학 교과서를 그대로 반복하고 있다. 그 과정에서 동양인과 서양인의 차이, 천일염인 우리나라 소금과 암석에서 소금을 캐내는 서양 소금과의 성분 차이는 무시되고 있다. 단지 저염식이 좋다는 인식만 강하게 자리하고 있다.

일본 여행이나 동남아, 유럽 등을 가본 사람들이 공통적으로 하는 말이 있다. 음식이 너무 짜다는 말이다. 그 말은 바꿔 보면 지금 우리나라 식단이 너무 싱겁다는 말이다. 그런데도 우리는 더 싱겁게를 외치고 있으니 과연 저염식이 바른 것인지 생각해 볼 일이다.

평생을 국가 관료와 학자로 살은 조기성 박사는 소금을 체계적으로 연구한 '소금 박사'다. 세계의 다양한 소금을 연구한 그는 "소금을 하찮게 여기면 그 대가는 내게 돌아온다"는 말로 저염식의 위험성을 알리고 있다.

조 박사는 『소금의 진실과 건강』이라는 저서를 통해 평생 소금을 연구한 결과를 담아냈다. 저염식의 위험성, 천일염과 이를 가공한 각종 소금의 성분 분석, 외국 소금에 포함된 미네랄 등 유해 성분과 비소, 구리 등 위해 성분의 분석 결과 등 흥미로운 사실이 담긴 책이다.

500여 페이지에 이르는 소금 보고서인 이 책을 통해 저자가 말하는 것은 무엇인가. 건강해지려면 저염식을 하지 마라, 지금 1인 섭취 소금량을 2배 이상 높이면 오히려 각종 만성질병을 예방할 수 있다는 등의 내용이다.

소금은 인류의 적이 절대 아니다. 오히려 인류의 삶을 바꾼 아주 귀한 자산이다. 오죽하면 선조들은 금만큼 소중하다고 여겨 '작은 금', 소금이라고 하지 않았던가.

참고로 조기성 박사의 책 내용 가운데 하나를 인용해 소개한다.

체내에서 물과 나트륨, 칼륨은 함께 배출되므로 이들이 균형을 이뤄야 혈액의 항상성이 유지되고 세포가 정상적으로 작동할 수 있다. 칼륨과 칼슘 등이 많이 함유된 야채와 과일 등 식물을 싱겁게 많이 먹으면 칼륨과 칼슘이 체내에 축적된다. 콩팥이 체내에 축척된 칼륨 등을 체외로 배출시키려고 무리하게 되면 소변도 힘들어지고, 신부전이나 방광염 등으로 이어지고, 지속되면 심장은 산소와 영양분을 제대로 공급받지 못해 부정맥, 심정지 원인이 될 수 있다.

우리나라 사람들의 체질에 맞고, 우리나라에서 생산하는 소금과 인체의 영향을 종합적으로 연구하고 적용하려는 노력이 이제는 의사들도 관심을 가져야 할 분야다.

생명을 구한 사찰의 소금 이야기

경남 합천 해인사에서는 매년 삼월 삼짇날 소금을 남산 꼭대기에 묻는 행사를 한다. 소금을 산 정상에 묻는 것인데, 그래야 산불이 나지 않는다는 이야기가 전해 온다. 이날은 또 수행 과정에 있는 학인 스님들의 축구 시합 날이라고도 한다. 스님들이 모여 축구 시합을 하는 것인데 이 또한 산불과 연관이 있다고 한다.

팔만대장경이 모셔진 해인사에는 많은 스님들이 모여 수행을 하고 있다. 그런데 해마다 봄철이면 산불이 자주 일어나 애를 먹곤 했다고 한다. 스님들은 불을 끄기 위해 산길을 달려야 했고 이는 적지 않은 체력을 요구했다. 그래서 어른 스님들이 학인 스님들에게 틈틈이 운동을 할 것을 권했는데, 그 방법의 하나로 축구 경기를 하도록 했다는 것이다.

스님들은 또 삼월 삼짇날이면 해인사가 위치한 가야산의 앞산인 남산 정상에 소금을 묻는 행사를 열고 있다. 아주 오랫동안 이어지고 있는 전통인데, 소금을 산 정상에 묻으면 정말 산불이 안 날까?

나는 그 이야기를 접하면서 '보릿고개'에 소금 단지를 묻기 시작한 기원을 생각한다. 과거 깊은 산에는 화전민이 살았다. 서민 가운데서도 작은 땅 한 평 소유하지 못한 아주 가난한 사람들이 산에서 삶을 꾸렸다. 하지만 산을 개간해 구할 수 있는 먹거리는 항상 제한적이었다. 산 아랫마을보다 여름은 짧고 겨울은 길었다.

매일매일 삼시 세끼 고민하며 고단한 삶을 살아야 했던 소작농에 얽힌 절기 가운데 동지가 있다. 동지는 양력 12월 23일이다. 10월 가을걷이가 끝나고 나면 소작농은 불과 두 달을 버틸 양식조차 갖지를 못했다. 기나긴 겨울을 어찌 살아가야 할지. 밤이 가장 길다는 동지가 되면 소작인의 식량이 떨어지기 시작했다.

이는 토지를 많이 가진 사람들에게도 문제였다. 소작인이 무사히 겨울을 넘겨야 다음 해 농사를 지을 것 아닌가. 이에 조금 더 가진 사람들이 나눌 수 있는 식량 가운데 팥은 가장 지방질이 높은 음식이었다. 팥으로 죽을 쑤면 저장 기간도 길고, 지방질을 보충하면 추운 겨울을 나기에 유익했다. 그래서 동짓날 팥죽을 쒀 고루 나눠 주는 풍습이 생긴 것이다. 이런 풍습을 동지포덕이라고 하는데, 팥죽에서 더 나아가 쌀이나 여러 물건을 소작인들에게 나누는 날이 바로 동짓날이다.

삼짇날 소금 단지를 산에 묻은 것도 이런 맥락에서 해석할 수 있다. 화전민들이 겨울을 나기 위해 축적한 식량이 모두 바닥이 날 무렵이 바로 이 시기다. 화전민들이 죽음을 벗어나기 위해 선택할 수 있는 일은 무엇이었을까? 산불이다. 불에 탄 나무에서는 일찍 새순이 돋아나기 때문이었다. 새순은 곧 그들이 생명을 유지할 수 있는 원천이기 때문이다. 그래서 봄철이면 화전민들에 의한 산불이 곳곳에서 발생하곤 했다. 사실 산의 나무는 화전민들에게도 매우 소중한 자산이었다. 하지만 당장 굶어 죽을 지경에 이르면 불이라도 질러 땅에서 식물들이 자라기 전 시기를 버텨야 했던 것이다.

그런데 산불을 내 새순을 기다리지 않고, 생명을 유지하면서 견딜 수 있는 것이 있었다. 소금이다. 여러 가지 이유로 단식을 하는 경우 모든 음식을 끊지만 물과 소금을 먹으면서 버틴다. 과거 천성산 터널 공사를 반대하며 단식을 했던 지율 스님은 100일 넘게 단식을 하면서 소금으로 버텼다. 소금은 생명체에 꼭 필요한 전해질로 구성돼 있어 단백질이나 탄수화물 등이 부족한 경우에도 오랜 시간 몸을 지탱할 수 있는 요소를 모두 지니고 있기 때문에 가능한 일이었다.

소금이 있으면 죽음을 이겨내면서 불에 탄 나무가 아니라 땅에서 새순이 돋아날 시기까지 더 버틸 수 있었다. 사찰에서 이런 것을 알고 화전민이 일부러 불을 내는 것을 막기 위해 아주 잘 보이는 곳에 소금을 묻었던 것이 아닐까.

소금이 사람들을 살린 이야기 가운데 고창 선운사의 보은염 이야기도 유명하다. 조금 다른 이야기지만 선운사에서는 매년 부처님 오신 날이면 보은염 이송 행사가 열린다. 보은염은 말 그대로 은혜를 갚는 소금이라는 뜻이다.

선운사는 백제 위덕왕 때인 577년 고승 검단 선사가 창건했다고 알려져 있다. 선운사 절터는 원래 용이 살던 못이 있었는데, 검단 스님이 이 용을 몰아내고 돌을 던져 연못을 메워 가기 시작했다. 그런데 이 무렵 마을에 눈병이 심하게 돌자 스님은 못에 숯을 한 가마씩 가져다 붓게 하자 눈병이 씻은 듯이 낫다. 사람들이 앞다퉈 돌과 숯을 가져다가 연못을 메꿨으며, 그 자리에 절을 세웠는데 오묘한 지혜의 구름이 머무는 곳이라는 의미로 선운사로 명명했다.

당시 백제는 신라와의 잦은 전쟁이 이어지던 시기다. 이로 인해 선운사 일대에 전쟁 난민들이 적지 않았다고 한다. 난민들은 주로 도적질을 일삼았는데 검단 스님이 이들에게 소금을 만들고 굽는 방법을 알려줘 생활을 할 수 있게 했다. 이에 마을 사람들은 감사의 뜻으로 매해 봄과 가을이면 절에 소금을 시주했다고 하는데, 그 전통은 1400여년이 지난 지금까지도 이어지고 있다. 소금은 주민들의 삶을 풍족하게 만들어 줬고, 이들은 마을 이름을 검단 선사에서 따 검단리라 부르고 소금을 보은염이라 부르고 있다.

불교에서 소금은 이처럼 어려운 사람들을 살리는 역할을 했다.

수십 년 전부터 의학계에서는 저염식을 주장하고 있는데, 미국에서 서양인의 체질과 암석에서 채취한 소금이 주를 이루는 그들의 환경에서 연구된 결과를 우리나라 의학 교과서가 그대로 받아들이고 있는 것은 아닌지 생각해 봐야 한다. 천일염을 주로 사용하는 우리나라 현실과 우리 국민의 체질에 대한 의학계의 연구는 사실 거의 없는 실정이다.

그래도 변하지 않는 소금에 대한 진리는, 인류에게, 생명에게 꼭 필요한 요소라는 점이다.

몸을 살리는 음식

 잘 알다시피 고추는 대한민국을 상징하는 음식 재료다. 김치를 비롯해 많은 음식에 들어가는 고추는 그런데 일본에서 전래가 됐다. 임진왜란 때 전해졌다고 알려졌는데, 일본은 고추를 거의 사용하지 않는 것은 어떤 이유일까?
 식재료로서 고추의 기능은 매운 맛도 있지만 그보다 짠맛에 있다. 거의 전 세계에서 음식 간을 맞추기 위해 일반적으로 소금을 사용하는데, 바다를 접하지 않은 충북 지역에서 소금은 다른 지역보다 더욱 귀했다. 기록에 의하면 조선 중기 이전에는 김치 등이 지금과 달리 백김치였다는 점도 눈길을 끈다.
 고추가 전해지면서 충북 지역을 중심으로 고추 농사가 성행했으며, 이는 소금을 대신해 음식의 간을 더하고 음식의 부패를 막는 역할을 했다. 섬으로 이뤄진 일본에 먼저 고추가 전해졌지만, 바다에서 소금을 구하기 쉬운 일본에서 고추가 자취를 감춘 것도 이같은 이

유다. 소금은 음식을 상하지 않도록 하며, 인체에 꼭 필요한 전해질과 무기질을 전해 주는 소중한 식재료다.

이와 함께 사람과 사람한테도 궁합이 있듯이 음식에도 궁합이 있다. 음식 궁합을 중요하게 생각하는 이유는 양생을 목적으로 하기 때문이다. 궁합이 맞지 않는 음식을 반복해서 섭취하게 되면 받아들이는 오장과 발산하는 육부의 조화가 깨지고 심각할 경우에는 병이 생기게 된다.

질병의 대부분은 잘못된 식습관을 비롯하여 생활 습관에서 비롯된다. 과거에 비해 신체 활동량은 적어진 반면에 고영양의 고칼로리 음식을 섭취함으로 비만 인구가 급증하게 되었고, 이로 인한 각종 성인병(생활 습관 병)이 증가하게 되었다.

이 같은 생활 습관 병에는 약물에 의한 치료보다는 평소에 음식을 조절하고 건강한 식습관을 유지함으로써 더 효과적으로 개선된다. 서양 의학의 선구자 히포크라테스는 음식으로 고치지 못하는 병은 약으로도 고칠 수 없다고 하였다. 그리고 미국 암 치료 센터에서 근무하고 있는 패트릭 퀼른 박사는 "올바른 영양식으로 모든 암을 50%에서 90%까지 예방할 수 있다"라고 했다.

내가 건강에 관심을 갖게 된 것은 주변의 지인들이 안 좋은 일이 생기고, 십여 년 전 아버지께서 뇌졸중으로 갑자기 돌아가신 일이 있기 때문이다. 이후 나는 음식과 건강에 관심을 갖게 되었다. 건강은 건강할 때 지키는 것이 제일이다. 어떤 음식은 먹으면 소화와 배변이 잘 되고 잠도 잘 자며 아침이 거뜬하지만 어떤 음식은 맛은 있으나 더부룩하게 가스가 차면서 트림과 그 음식 냄새가 자꾸 올라오기도 하고 어떤 음식은 맛과 상관없이 아예 젓가락 대기가 싫기도 하다.

나는 맵고 달며 진하고 뜨거운 음식보다 시원하고 담백한 맛의 차가운 종류의 음식을 좋아한다. 아주 친한 어느 지인은 오히려 차가운 음식을 먹으면 늘 소화도 힘들고 배탈이 자주 나 한여름에도 따뜻한 음식을 먹기에 변변치 못하다며 장난스레 놀리기도 하였다. 물론 음식 섭취 당시의 컨디션에 따른 영향이 있지만 대체적으로 결국 뜨겁거나 차가운 음식은 누구한테는 좋기도 하고 반대로 다른 누구에게는 나쁘기도 하다는 것을 알게 되었다. 흔히 보약 하면 녹용이나 인삼을 떠올리지만 모든 사람에게 다 보약이 되지 않듯이 사람에 따라 녹용 혹은 인삼이 더 잘 맞는 사람이 있고 먹을수록 오히려 몸 상태나 컨디션이 안 좋아지는 경우를 종종 볼 수 있는데 바로 '사상 체질'이나 '팔상 체질' 이라고 나는 이해하게 되었다.

사상 체질은 ①뜨거운 체질(태양인, 소양인)과 ②차가운 체질(태음인, 소음인)로 나누어지는데 ①의 체질엔 몸을 식혀 줄 수 있는 찬 성질의 음식, ②의 체질엔 몸을 따뜻하게 덥혀 주는 더운 성질의 음식 섭생이 좋다.

각 체질마다 장기 기운의 강약이 다르다. 강한 장기의 기운이 더 강해지거나 약한 장기의 기운이 더 약해지면 병이 오기 때문에 체질에 따라 강한 장기의 기운은 낮춰 주는 음식을 먹고, 약한 장기의 기운은 돋우어 주는 음식 섭생이 중요하다. 또한 모든 먹을거리 재료는 고유의 차거나 더운 성질이 있고 더러는 차지도 덥지도 않은 중간 성질도 있으며 어떤 장기의 기운을 돋우거나 혹은 기운을 낮춰 주는 특성이 있다는 것이 참 신기했다.

체질에 따라 맞는 음식도 차이가 있다. 나와 같은 소양인 체질에게 미역은 좋지만은 않다. 나는 한때 미역국을 즐겨 먹었는데, 일반적으로 알려진 미역은 알칼리성 식품이며 피를 맑게 하고 요오드, 칼슘 등 미네랄이 풍부한 건강 식품이다. 하지만 소양인에게 미역과 다시

마는 '절대로 먹지 말아야 할 음식'이란 것을 알게 되었다. 미역을 끊고 나서 그동안의 소화 불량과 배변의 문제가 해결됐다.

평소 체질에 관심이 많아 소음인(차가운 체질)이라고 알고 있던 어느 지인은 형제들과 같이 뜻밖의 태양인(뜨거운 체질) 진단을 받아 의아해 다른 곳에서 진단을 받아 봤지만 같은 체질이 나왔다고 한다. 확실한 체질을 알고 싶어서 모험하듯이 80% 이상의 체질식을 1년 가까이 했으나 늘 가스가 차고 세끼 식사를 다 하는데도 대변량이 전보다 훨씬 적었고 안 보면 뱃속이 빵빵 하고 부글거리며 불편하기에 배변에 아주 애를 먹었다고 했다. 더구나 매일 보는데도 냄새가 심했지만 이상하다기보다는 그동안 체질과 반대인 따뜻한 성질의 음식을 많이 먹어 과도기를 거치는 과정이라고 생각했기에 시간이 가면 중상이 완화되리란 기대로 체질식을 뚝심 있게 고집했지만 불편은 계속되었다.

그러던 어느 날 퇴근길에 들른 곳에서 간단한 맥진을 받았는데 '차가운 체질'이라는 정반대의 진단을 받아 혼란에 빠졌다고 했다. 혹 그간의 불편함이 잘못된 체질식 때문이 아닌가 싶어 바로 따뜻한 성질의 음식을 저녁으로 먹었고 마침 몸살감기가 있어 끊었던 생강 대추차(따뜻한 성질)를 마시고 잠을 잤다고 한다. 며칠 후 아침 그동안 볼 수 없었던 노랗고 넉넉한 양의 쾌변을 보고 무척 놀라고 신기했다고 한다.

음식에 따라 하룻밤 사이에도 그렇게 편하게 달라질 수 있는 체험을 하고 나니까 새삼 섭생의 중요함을 깨달아 그 이후 소음인 체질식을 계속하고 있으며 뱃속도 편안하고 매일 아침 쾌변뿐만 아니라 일상 컨디션도 아주 좋다고 했다.

그런데 왜 다르거나 정반대의 체질 진단이 나오는 것일까. 이는 여러 이유로 피의 순환이 제대로 안 되어 하체보다는 상체에 열이 모이는 현상이 생기기 때문이다. 이런 경우 잘못 진맥을 하면 뜨거운 체질로 진단되는 오류가 나온다고 했다. 그래서 스스로 체질의 특성을 알고 점검하는 습관이 중요하다. 섭생 후 뱃속이 불편하거나 트림이나 가스가 많이 나오고, 설사나 변비, 또는 잠이 잘 안 오고, 다음 날 아침에 몸이 무겁거나 개운치 않으면 맞지 않는 음식이다. 먹고 나서 몸이 가볍고 상쾌해 컨디션이 좋았던 음식이나 불편했던 음식을 기록해 두면 앞으로 섭생하는 데 크게 도움이 된다.

젊고 건강할 때에는 체질과 다르게 먹어도 크게 문제가 되지 않지만 병중이거나 나이로 인해 자연스레 몸이 약해지는 시기에는 영향이 클 수 있기에 자기 체질을 알고 음식을 맞춰 먹으면 회복에 도움이 되고 나이가 들어도 덜 늙고 덜 아프다. 나의 경우 실제적으로 체질식은 대략 70% 정도 하는데 이후 컨디션이 더 좋아진 것을 확연히 느끼므로 앞으로도 쭉 이어 가고 싶다. 더러는 힘들게 그런 것을 왜 따져 먹느냐고 하겠지만 이왕이면 좋다는 것도 먹기 바쁜데 굳이 안 좋은 음식을 돈 주고 사 먹을 필요가 있을까 싶어서다.

채소, 과일, 곡류, 육류, 생선류, 해산물 등은 모두 찬 성질과 더운 성질이 있으니 나의 사상 체질(소양인)과 8체질(태양인)에 맞는 음식은 아래와 같다.

밥: 보리쌀은 많이 흰쌀은 적게. 녹두, 팥, 메밀, 귀리, 율무, 검은콩
육류: 돼지고기, 소고기
어패류: 황태 같은 마른 생선(더운 성질)을 뺀 거의 모든 바다 생선과 갑각류, 조개류 등. 미역, 다시마를 뺀 거의 모든 해조류
채소: 부추, 겨자초, 달래(더운 성질)를 제외한 거의 모든 채소

뿌리채소: 더덕, 도라지, 당근, 토란, 감자, 고구마, 마를 제외한 거의 모든 뿌리채소

양념류: 고추, 후추, 마늘, 생강, 파, 양파 등은 거의 더운 성질이므로 양념은 적게 넣는다.

견과류: 호두, 잣(더운 성질)을 제외한 거의 모든 견과류

과일류: 사과, 귤, 오렌지(더운 성질), 토마토(신의 기운을 더 떨어뜨림)를 제외한 거의 모든 과일류. 특히 배, 수박, 참외, 베리 종류가 좋다.

건강차: 피를 맑게 하며 소양인에게 기운을 돋워 주는 구기자, 복분자, 산수유(장복 금지)가 아주 좋다.

소양인은 비(췌장)위가 강하고 신이 약한 체질이므로 특히 잘 맞거나 안 맞는 음식이 있다고 한다.

약한 신의 기운을 올려 주면서도 시원한 성질의 돼지고기, 검은콩, 검은깨는 아주 좋다.

강한 위 기운을 더 돋워 주고 몸을 덥히는 생강, 닭고기는 아주 좋지 않다.

짠맛은 신의 기능을 높여 주므로 살짝 짠맛을 선호하며 위장 기운을 높여 소양인에게 좋지 않은 설탕 대신으로 포도당을 쓴다.

제철 생채소와 생과일이 좋다.

소양인과 정반대인 소음인은 반대로 섭생하면 아주 좋다고 한다. 1970년대까지만 해도 삼시 세끼를 먹지 못하는 사람들이 적지 않았다. 특히 보릿고개 시기에는 추위와 배고픔을 겪는 사람이 있었다. 반대로 지금은 각종 음식이 넘쳐나고 있다. 국내에서 생산한 음식뿐 아니라 전 세계 음식도 쉽게 구할 수 있다.

하지만 풍부한 먹거리가 반드시 건강에 좋지만은 않다. 음식으로 인해 암, 치매, 무서운 대사성 질환 등 너무나 많은 병에 시달리고 있다. 무엇이든 부족하면 문제가 되고, 또한 과도해도 문제를 일으킨다. 자신의 몸에 맞는 음식을 찾되 잘못된 인식으로 내 몸을 망쳐서는 안 된다.

소금의 종류와 특징

대부분의 사람들은 스스로에게 이런 질문을 한다. '나는 어디에서 와서 어디로 가는가' 라는 질문이다. 꼭 특정한 종교를 가지고 있지 않더라도 이런 질문을 한 번쯤은 해 봤을 것이며, 종교는 저마다 이 질문에 대해 답을 하고 있다.

이런 질문이 인문학적인 분야라면 자연과학의 분야에서는 생명은 바다에서 와서 바다로 돌아간다고 답을 한다. 화산 폭발로 인해 육지가 형성되기 이전에 지구는 전체가 바다였으며, 지구에 생명이 물과 전기의 충격으로 인해 시작됐다고 말한다. 물속의 무기질이 햇빛과 공기를 만나면서 생명체가 기원됐고, 진화를 통해 고등 생명체인 인간으로 발전이 이뤄졌다는 것이 과학의 설명이다.

그런데 바닷물과 강물이 모두 같지 않다. 우리나라처럼 화강암이 많은 나라의 물은 사실 그대로 마셔도 아무런 탈이 나지 않지만, 유럽 등 석회질이 많은 나라에서 나는 물은 그대로 마시면 십중팔구 배탈이 나기 마련이다. 유럽에서 맥주나 와인 같은 알코올 도수가 낮은 술이 발달한 이유도 이와 무관하지 않다. 물이 좋지 않으니 이를 정화 또는 변화시킬 필요가 있었고, 그 결과가 맥주 문화의 발달로 이어진 것이라고 한다.

인류가 바닷물을 통해 얻는 자원 가운데 빼놓을 수 없는 것이 소금이다. 그렇지만 우리나라의 소금과 외국의 소금은 큰 차이가 존재한다. 우리나라도 서해와 동해의 소금은 차이가 크다. 소금에는 기본적으로 나트륨과 염소가 존재하며, 칼슘 칼륨 알루미늄 비소 등 각종 성분이 담겨져 있다. 그 비율은 산속 옹달샘에서 시작해 강을 이루고 바다로 오기까지 어떤 여정을 거치느냐에 따라 다르다. 마치 수돗물이 정수기 필터를 거치면서 어떤 성분이 줄어드는가라는 원리와 같다.

빼어난 산천을 지닌 우리나라는 그 비율이 가장 인체에 이상적이라고 하는데, 전남에서 생산하는 천일염의 성분이 매우 뛰어나다는 것은 많은 학자들의 연구 결과에 의해 알려져 있다.

최근 들어 소금이 건강에 해롭다는 인식이 잘못됐다는 비판과 연구가 나오고 있다. 그런데 언제부터 소금이 건강에 좋지 않다는 '저염식 논란'이 시작된 것일까. 의학계 자료를 보면 1899년 캐리언과 할리언이 소금 논란의 시초로 알려져 있다.

이들은 우리 몸에 소금 성분이 많으면 몸의 조직에서 물을 끌어내 형장의 부피를 증가시킨다고 봤다. 소금을 많이 섭취하면 세포 내 물이 혈액으로 빠져나와 혈액 중에 물이 많아지고, 결국 혈압이 상승한다는 논리다. 1901년에는 야사기 이론을 지지하면서 콩팥의 만성 염증은 소금 내 성분인 염소가 원인이며, 염소를 열병과 신부전, 신장염 등의 원인이라고 주장했다. 즉 소금이 건강한 자연 물질이 아니라 혈압을 높이는 악마라고 여기는 불씨가 여기서 시작된 것이다.

여기에 더해 프랑스 과학자 암바르와 보차르는 1904년 단지 6명의 환자로부터 얻은 자료를 근거로 소금과 혈압의 상관관계를 주장하는 당시 분석 기술의 한계를 고려하지 않은 이론이 현재까지 이어지고 있는 것이다.

이들은 소금의 주요 성분인 염소와 나트륨이 몸의 항상성을 유지시키는 부분을 간파하지 못하고, 소금이 눈으로 보여 주는 삼투압 현상에만 매몰돼 잘못된 결론을 도출한 것이다.

우리나라에서 생산되는 소금은 1차적으로 갯벌에서 얻는 천일염에서 시작된다. 갯벌 천일염은 1910년 평안도 광양만에서 처음 생산되기 시작했는데, 세계에서도 제일 미네랄이 풍부하고 균형을 갖춘 것으로 알려져 있다. 당시는 갯벌에 구덩이를 파고 짚으로 만든 통자락을 넣어 함수를 모은 다음 가마솥에서 서서히 끓여 소금을 생산했다.

우리나라 소금 연구의 대가로 알려진 인산 김일훈(1909~1992) 선생이 1920년대 이 천일염을 대나무에 넣고 9번 굽는 과정을 통해 죽염을 생산했다. 죽염은 3년 이상 된 왕대나무를 사용하는데, 대나무에 소금을 가득 채운 다음 황토를 반죽해 대나무통의 입구를 봉한다. 그리고 소나무 장작불로 구워 내는데, 송진의 강한 화력으로 인해 소금이 돌처럼 굳어진다. 굳어진 소금이 식으면 다시 분해해 대나무통에 다시 다져 놓고 더 강한 화력에서 굽기를 8번 반복한 결과로 얻어지는 것이 바로 죽염이다.

신기한 것은 9번째 굽는 과정에 따라 흰색 죽염이 되기도 하고, 자죽염이 되기도 한다는 것이다. 자죽염의 경우 9번째 굽는 과정이 다른데, 1,300도가 넘는 고온에서 소금을 굽다가 죽염 가마의 문을 닫아 산소를 차단한다. 그러면 소금 내 황산화물에서 산소가 분리되면서 새로운 물질이 생기는 환원 반응이 일어나고 자색을 띠는 자죽염이 된다. 이 자죽염은 암을 치료하는데 효능이 높다고 알려져 있다.

  흔한 소금이지만, 건강을 위해 반드시 제대로 알아야 할 식재료가 바로 소금이다. 내가 건강을 위해 시작한 음식 연구의 귀결점은 소금이었다.

  몇 년 전 나는 그동안 모은 재산으로 적지 않은 양의 천일염을 구했다. 올해로 65세. 그동안의 사회 생활을 정리하고 제2의 인생을 소금과 같이 열어 갈 생각이다. 많은 사람들의 건강을 지키고, 생명을 건강하게 유지시킬 수 있는 보람 있는 일이기 때문이다.

  꿈을 꾼다. 빠르면 내년이면 천일염을 가공해 건강에 아주 좋은 소금을 생산해내는 꿈이다. 주변의 지인들을 비롯해 많은 사람들이 건강한 음식을 통해 건강한 삶을 영위하는데 도움이 된다면 이 얼마나 기쁜 일인가. 이참에 소금과 잘 어울리는 회사 이름이 있다면 알려주기를 바라는 마음도 전한다.

소금이 알려 준 사람의 종류

　가끔 언론을 통해 훈훈한 이야기가 전해진다. 딸의 생일날 피자 한 판 사주고 싶은데 돈이 없어 피자집 주인에게 "다음에 꼭 갚을 테니 피자 한 판만 외상 줄 수 없느냐"는 아버지의 말에 선뜻 피자를 무료로 내어 준 소상공인 이야기는 감동스럽다.
　억척스럽게 폐지를 주워 모은 돈을 선뜻 사회 복지를 위해 내놓는 할머니도 있다. 사실 하루 종일 온 동네를 돌면서 리어카에 끌기 힘들 정도로 폐지를 모아도 받아드는 돈은 만원 남짓이다. 그리 고단하게 모은 돈을 선뜻 기부하면서 "그래도 나는 세끼는 먹고 산다"라고 말하는 할머니의 수줍은 웃음은 우리 사회를 따뜻하게 만드는 웃음이다.
　오랫동안 사회 복지 사업을 한 지인이 있다. 빵집과 연계해 유통기한이 얼마 남지 않은 빵을 받아서 독거노인에게 전달하는 것을 비롯해 저소득층 청소년을 위해 10년 넘게 꾸준하게 봉사하고 있다.

특히 지역아동센터를 설립해 40여 명 아동들에게 방과후 공부와 놀이를 제공한다. 정부 지원금 외에 매달 100여만원의 비용이 들어가는데 이를 감당하는 것은 쉬운 일이 아니다.

그렇다고 그 지인이 큰 사업장을 가진 것도 아니다. 매달 직원 몇 명 급여를 고민해야 하는 조금만 사업체를 운영하고 있는 그에게 봉사를 위한 시간도, 비용도 만만하지는 않다. 어느 날 지인과 술을 한 잔하면서 이런저런 이야기를 나눴다. 그는 주변 사람에게 가장 많이 듣는 질문이 "너에게 무슨 이익이 있느냐?"는 말이라고 한다. 그럴 때면 뭐라 할 말이 없단다.

그가 아동 복지 사업을 시작한 계기는 세 자녀를 외국 유학 보낸 일에서 시작됐다. 초등학생이던 세 아이가 어떻게 하면 행복할 수 있을까 생각하다가 아이들이 가장 힘들어 하는 영어 문제를 해결하기 위해 자녀와 안사람을 1년간 필리핀으로 어학 연수 보냈단다. 안정된 직장을 다니면서 그 정도는 감당할 수 있는 생활을 하고 있던 그였다.

그러던 어느 날, 아이들이 보고 싶은 생각에 퇴근 후 아이들이 다니던 초등학교를 한 바퀴 도는데 늦은 시간까지 집에 가지 않고 모여 담배를 피우는 초등학생 몇 명을 발견했다. 한 부모 가정 아이들이었는데, 늦은 시간까지 몰려다니면서 일탈하는 모습을 보면서 그는 "이 아이들도 내 아이들의 친구일 텐데, 나는 내 아이들만 생각했지 그 친구들의 모습을 보지도 않았구나" 반성을 했단다.

그리고 사회 복지 단체를 만들고 지역아동센터를 세워 저소득층 아동을 대상으로 복지 사업을 시작하면서 15년의 시간이 흘렀단다. 그 사이 지인의 자녀 중 한 명은 대학을 졸업하고 사회인으로 성장했다. 아직 두 명이 대학생이라 어려움이 좀 있다고 한다.

요즘 사람들의 잣대로 보면 그는 분명 바보다. 높은 명예가 있는 것도 아니고, 돈을 버는 것이 아니라 오히려 쓰는 일이다. 자칫 아동시설에서 사고라도 나면 그 책임도 져야 한다. 사업과 연관성이 있는 것도 아니다. 아무리 살펴봐도 그가 얻을 수 있는 이익이 없다.

그런데 정말 그럴까. 사람으로 살면서 나보다 어려운 사람에게 나누고 베푸는 삶의 보람을 금전적인 이익으로 연관시키려는 현재의 세태가 문제는 아닐까.

『역경』에 이르기를 사람은 세 가지 부류로 나뉜다고 한다. 즉 대인과 소인, 비인으로 구분하는데 대인은 대의를 위하고 타인의 입장을 생각할 줄 아는 사람이다. 반면 소인은 오직 자신의 안위와 이익만을 좇는다. 비인은 사람의 형체를 갖추었으나 사람이 아닌 사람, 그야말로 금수 같은 행동을 하는 인간이다.

대인과 소인, 비인은 어떻게 구분되는가. 가장 중요한 것은 각 부류의 사람들을 대함에 있어 구분해서 상대해야 한다는 것이다. 특히 비인에게는 그들과 똑같이 대우해 주라고 한다. 대인, 소인은 행동거지를 유심히 살펴보면 나름 구분할 수 있겠지만 비인이라는 판단이 든다면 되도록 상종 자체를 하지 않는 것이 가장 좋다고 한다.

혹 "내 주변엔 비인이 없는데요?"라고 말하는 사람을 만나거들랑 그 사람이 비인이라고 한다. 세상을 살다 보면 어쩔 수 없이 비인들도 마주치며 살아야 할 테지만 적당히 선을 지킬 뿐 인간적인 유대를 나눈다거나 친밀해지려고 노력하는 것 자체가 무의미하다고 한다.

비인은 흉악범이나 사기를 밥 먹듯 하는 사람이 아닐까. 베풀 줄은 모르고, 은혜를 받아도 고마움을 모를 사람들이 여기에 속할 것이다. 남이 내게 주는 것은 당연하다고 여기고 살아가는 사람들이 바로 비인일 것이다.

반면 앞의 지인은 반대의 삶을 살고 있다. 내가 무엇을 얻을 것인가는 생각에도 없다. 나보다 어려운 사람들을 보면 측은지심이 생겨나고, 같이 동 시대를 사는 사람으로서 무언가를 해줄 수 있는가만 생각한다. 다른 사람에게 받은 은혜를 더 어려운 사람들에게 나누려는 마음을 지닌 그가 아름답다.

나는 회사에서 정년을 하고 나서 다시 그 회사에 계약직으로 들어가 세월을 보내고 있다. 20년 넘는 시간 동안 한 직장에서 일할 수 있다는 것은 매우 행복한 일이다. 앞서 정년 퇴임을 전후해 나는 천일염을 대량으로 구입했다. 수년간 간수를 뺀 후 이를 황토 가마에 넣고 황토 도기로 구워 팔기 위해 계획하고 있다. 후쿠오카 원전 오염수가 방류되기 이전에 천일염을 구입한 것이 그나마 다행이다.

이 일을 구상한 것은 건강에 대한 염려로 이것저것 알아보다가 '소금'의 효능을 알게 된 이후다. 우리 건강에 꼭 필요한 소금을 통해 주변 사람들이 더 건강해지고 나도 경제 활동을 이을 수 있는 방법이라는 생각에 무작정 천일염을 구입한 것이다. 그리고 지난 5년간 소금에 대한 공부를 차근차근했다.

5년의 세월 동안 소금의 간수가 모두 빠졌다. 2m 높이로 쌓은 소금이 지금은 1.5m 높이로 줄었다. 그 세월만큼 얻은 것이 있다. 정년 후에 무엇을 해서 돈을 벌까라는 소인의 마음으로 이 일을 시작했는데 지금은 사람들의 건강에 좋은 소금을 어떻게 잘 만들까 하는 마음으로 바뀌었다. 아직 대인에 이르지는 못했지만, 5년간 빠져나간 간수와 함께 소인배의 마음이 빠지고 난 자리에 타인을 생각하는 마음이 조금씩 영역을 넓혀 가고 있다.

갑자기 추워진 꽃샘추위에 이런 지인과 함께 술 한잔 기울이면서 인생에 대해 이야기를 나눌 수 있다는 것은 그저 행복한 일이다.

김치, 발효 식품, 우리 식문화

 노무현 대통령이 일본을 방문했을 때, 한 TV 프로그램 진행자로부터 질문을 받았다. "김치가 정말 사스에 효과가 있다고 생각하느냐"는 질문이었다. 한국의 김치 시장이 해외로 급속히 확대되면서 주목을 받는 시점에 던진 질문이다. 그 질문에는 김치가 면역력을 높인다는 것은 비과학적인 결론이 아니냐는 의도도 담겨 있었을 것이다. 노 대통령은 이런 의도를 파악하고 이렇게 답했다. "저는 김치를 좋아하고 많이 먹습니다. 그런데 아직 사스에 걸리지 않았습니다."라고. 우문현답이 이런 것이 아닐까.
 한국을 대표하는 김치 문화는 사실 임진왜란부터 역사를 거슬러 간다. 이전에 우리는 배추나 무를 겨우내 먹기 위해 절임을 했지만 고춧가루가 없는 형태였다. 임진왜란 당시 고추가 전해지면서 소금을 구하기 힘든 충북 지역을 중심으로 빨간 김치가 보급되기 시작하면서 높은 저장성과 맛으로 인해 급속히 전역으로 퍼졌다. 이런 점에서 어찌 보면 현재의 김치는 고추가 도입된 이후 발달된 식문화라 할 수 있다.

요즘은 각 가정마다 김치냉장고를 필수로 구비하고 있다. 김치는 유산균을 활용한 발효 식품으로 오랜 기간 저장할수록 맛과 영향이 다르다는 것은 잘 알려진 사실이다. 막 만든 김치에서 3개월 정도 저장시킨 김치, 그리고 3년 저장한 김치까지 발효 과정도 다양하다.

그런데 김치냉장고를 처음 개발한 사람은 누구일까. 서울대 전재근 명예교수다. 서울대에서 식품영양학을 가르치던 전재근 교수가 미국 교포 가정을 방문했다가 냉장고에도 넣지 못하고 뒷문에서 멀찍이 보관하고 있는 김치를 보게 됐다. 그는 "김치를 집안에 두면 그 냄새로 인해 미국 손님들에게 안 좋은 인상을 준다. 보관하기도 마땅치 않아 뒤쪽 창고에 보관하고 있다"고 전했다. 이때 전 교수는 "저장할 곳이 없어 천대받는 김치를 어떻게 하면 당당하게 집안으로 들여놓을 수 있을까"를 고민해 삼성에 김치저장고 발명을 제안했다.

냉장고와 김치냉장고는 원리는 같지만 온도와 저장 방식에서 많은 차이를 가지고 있다. 또 우리나라가 아니면 별로 관심도 없는 가전제품이라서 애초 수출은 생각도 안 하고 내수 시장만 보고 기술을 개발해야 하는 부담도 적지 않았다. 이를 감내하며 적지 않은 연구비를 들여 김치냉장고를 만들었지만 삼성이 만든 김치냉장고는 소비자들의 외면을 받았고, 해당 연구원들은 삼성을 떠나야 했다. 그 연구원들을 받아 준 곳이 만도기계였다. 삼성에 비해 작은 기업이었던 만도는 '딤채' 김치냉장고를 생산하면서 급성장을 했다. 결과를 중시하는 기업 문화와 기술을 중시하는 기업 문화의 차이점에서 온 결과는 그렇게 달랐다. 이후 삼성이 다시 김치냉장고 생산에 돌입했지만, 대부분 가전업계도 앞다퉈 김치냉장고를 생산했다.

냉장고의 개발은 단지 편리한 기계의 개발에만 머물지 않았다. 음식을 오랫동안 보관할 수 있다는 것은 한번에 많은 양의 반찬을 만들어 놓을 수 있다는 것이고, 이는 가사로부터 여성들이 상당히 자유로워지는 현상으로 이어졌다.

김치냉장고는 발효 식품을 전자 제품을 통해 저장 보관할 수 있는 길을 열었다. 요구르트 제조기, 홍어 발효 등 각종 발효 식품 전용 기기가 만들어지는 계기가 됐다.

냉장고와 김치냉장고의 발전은 우리의 식문화도 풍부하게 만들어 주고 있다. 한 프랑스의 요리사가 가장 간단히 만드는 요리도, 가장 오랜 시간이 필요한 요리도 모두 한국 요리라고 소개한 적이 있다. 채소를 물로 씻어 내놓는 요리부터 몇 년간의 기다림이 필요한 발효 식품까지 다양한 음식 문화를 가진 우리의 모습을 잘 표현한 말이다.

그런데 발효 식품에서 반드시 필요한 것이 하나 더 있다. 소금이다. 음식을 오래 저장하기 위해서는 소금이나 간장이 필요하다. 간장도 소금을 주원료로 사용한다. 결국 소금이 반드시 필요한 것이 저장 식품이기도 하다.

안사람이 우연한 기회에 식당을 열게 됐다. 생각보다 식당 일이 고되다. 하지만 십년 넘게 꾸준하게 요식업을 하면서 피곤하기보다 재밌다고 말한다. 안사람이 음식 만드는 것을 즐거워하니 다행스러운 일이다. 내가 소금에 관심이 높다 보니 안사람도 자연스럽게 소금을 천일염과 이를 가공한 것만 사용하고 있다. 직접 요리를 하는 입장에서도 좋은 소금은 좋은 음식 맛을 내기 위해 필수적인 요소다. 특히 김치를 비롯한 발효 식품에서 어떤 소금을 쓰느냐는 오랜 기간 저장을 해도 변하지 않는 음식의 맛을 만드는 데 중요하다.

매일매일 많은 사람들에게 좋은 음식을 만들어 제공한다는 것이

매력이 있는 일이라는 안사람을 보면서 그 가장 기본이 되어 준 김치냉장고에 대해 단상을 적어 본다.

코로나 이후 식생활

코로나19로 인한 팬데믹은 우리 사회 문화를 완전하게 바꿨다. 과거 배달 음식은 통닭과 피자, 중국 음식 등 제한적이었는데, 코로나 이후 거의 모든 음식이 배달이 가능한 체계로 전환됐다. 하다못해 라면까지도. 또한 누군가를 만나 교류의 시간으로서 식사를 하는 것뿐만 아니라 혼술, 혼밥 등 사교 목적 없는 음식 문화도 급속히 발전하게 됐다.

우리 세대가 어렸을 때를 생각하면 반찬 투정, 밥 투정은 거의 안 쓰던 단어였다. 끼니를 거르지 않으면 다행이던 시절이다 보니, 밥과 간장이 전부일지라도 배불리만 먹으면 행복했다. 비록 여러 잡곡이 섞인 밥이라도 여러 형제가 섞여 밥그릇 가득 고봉밥을 먹을 때면 반찬이 없어도 잘만 넘어갔다. 그런데 사회가 급속히 발전하면서 먹거리도 매우 다양해졌다. 더구나 세계와의 교류도 늘다 보니 유럽뿐 아니라 동남아시아, 인도, 남미의 전문 음식점도 어렵지 않게 찾을 수 있게 됐다. 이 정도 음식이면 조선 임금보다 더 잘 먹는 것이 아닐까 한다.

그런데 배달 음식의 발달이 그리 달가운 것만은 아니다. 우선 왜 음식을 먹느냐는 문제부터 생각하게 한다. 불가佛家에서는 음식은 몸을 유지하는 최소한의 수단이어야 한다고 말한다. 음식이라는 것이 한편으로는 다른 생명을 빼앗는 행위이기도 하다. 채식을 한다고 해도 식물의 희생이 불가피하며, 육식은 더할 나위 없다. 그런 점에서 음식을 탐하지 말고 몸을 유지하기 위한 최소한의 행위로만 머물라는 것이 불교의 가르침이다.

서구의 사상 체계에서는 완성체인 인간이 다른 생명을 통해 먹고 즐기는 것에 대해 별다른 제재는 없어 보인다. 하지만 현대에 들어서면서 '유기적 환경' 사상이 발전하면서 육식으로 인한 폐해를 돌아보며 반성하자는 움직임이 이어지고 있다. 즉 음식을 과도하게 먹어 건강을 해치거나 음식을 남겨 버리는 양이 늘어날수록 지구의 환경도 나빠지는 것을 경계해야 한다는 것이다.

어찌 됐던 배고프니 음식을 먹어야 하고, 음식을 통해 인체의 에너지를 얻어야 하는 것만은 부정할 수 없는 사실이다. 이는 사람뿐 아니라 모든 생명체에 공동된 내용이다.

사람들은 여기서 하나 더 추가한다. 음식을 통해 교류하고 이해하며 소통한다는 점이다. 유럽 독일 등 국가의 경우 CEO의 평균 점심시간은 2시간이라고 한다. 업무를 위해 누군가를 만나고 대화를 하면서 음식을 먹기 때문에 식사 시간도 당연히 길기 마련이다. 우리나라에서도 음주는 교류를 위한 수단이 주였다. 사람들과 만나 깊은 이야기를 나누고, 서로를 더욱 이해하는 과정으로서 술이 등장한다. 술을 마시기 위해 사람들을 만나는 것은 알코올 중독 현상으로 치부됐다.

그런데 코로나로 인해 2년 넘는 시간 동안 식사와 만남이 제한되면서 혼술, 혼밥의 문화가 당연시하게 자리를 잡았다. 만남을 위한 술자리가 아니라 술을 마시고 싶어 혼자 술을 마시는 문화, 대화와 교류가 아니라 먹기 위한 식사 문화가 대체되면서 오랜 인류의 식습관을 단기간에 바꿔 버린 것이 코로나로 인한 팬데믹이 아닐까.

요즘 식당을 가면 예전과 같이 회사에서 온 단체 회식이나 십여 명이 넘는 모임은 거의 찾아보기 힘들다. 가족이나 몇몇 지인이 모이는 회식이 대부분이다. 그만큼 우리 사회의 공동체 문화가 또 한 번 변화를 맞았다는 점을 의미한다.

이 사회 현상을 어떻게 바라봐야 하는가 생각에 빠진다. 그런 와중에, 같은 결론이 늘 머리에 맴돈다. 밥은 같이 먹을 때 더 맛있다는 것이다.

소금을 담은 그릇

　어머니들은 옛날 이쁜 그릇 한 세트를 다른 사람들 손이 잘 닿지 않는 곳에 보관했다. 대가족 식사 차리랴, 빨래에 작은 소일거리까지 하루가 바쁘다 보니 정작 본인은 반찬 두어 가지를 한 곳에 담아 드시는 날이 많았다. 하지만 귀한 손님이 올 때를 대비해 제법 모양새가 이쁜 자기 그릇을 장만해 뒀다.
　같은 음식이라도 어떤 그릇에 어떻게 담아내느냐에 따라 먹음직스러움은 다르다. 예를 들어 맥주를 종이컵이나 쇠 잔에 마시는 것과 유리컵에 마실 때 맛이 다르다. 그 짧은 순간이지만 산화가 일어나 맛이 변하기 때문이다. 도자기는 음식 맛을 그대로 보존하면서 제법 고급스러운 모습을 띠고 있어 언제 상에 올려도 맛깔스럽게 느껴진다.
　흙으로 구운 자기는 반면 잘 깨지는 단점이 있다. 자칫 땅에 떨어뜨리면 "쨍그렁" 소리가 마음을 콕 찌른다. 며느리가 시집살이를 하면서 혹시라도 그릇을 깨트리면 그 소리에 얼마나 가슴 조였을까 생각하면 웃음이 나온다. 모든 물건은 생멸, 나고 소멸하는 것이다. 그릇도 그 인연이 다하면 다시 흙으로 돌아갈 뿐이다고 생각하면 야단을 칠 이유는 없는 것이다.

 우리나라의 흙 굽는 기술은 전 세계에서 인정을 받고 있다. 선사시대 빗살무늬 토기부터 이어진 토기 기술의 발달은 고려청자라는 걸작을 만들었고, 조선백자의 시대를 열었다. 빗살무늬 토기는 투박하게 흙을 구운 것인데 한때 왜 끝을 뾰족하게 만들었는가 생각이 들었다. 아하, 이유는 단순했다. 바닥을 평평하게 만드는 방법을 생각하지 못해, 처음 만들어진 대로 뾰족이 만들어 땅을 파서 그릇을 세우고 사용한 것이란다. 그렇게 수백 년 시간이 지나고 나서야 그릇의 밑부분을 만들 생각을 했다고 하니, 인류의 기술, 생각의 진화가 당시는 얼마나 천천히 갔는가 돌아보게 한다.

 조선 시대 임진란을 일으킨 왜군은 도자기 기술자들을 대거 포로로 삼아 왜국으로 데리고 갔다. 임진란이 끝나고 사명대사가 일본을 찾아 조선인 포로를 귀국시킬 때 왜는 도자기 기술자들을 숨겨 돌려보내지 않으려고 했다고 한다. 지금도 일본에서 도자기로 유명한 지역을 보면 조선 시대 도자기공들의 후손인 경우가 적지 않다고 하고, 우리의 막사발이 일본에서 귀한 문화재로 보존되고 있다.

 돌아보면 흙으로 그릇을 빚는 방법은 우연히 발견된 기술일지 모른다. 선사 시대에 움막에 불을 피워 생활하다가 물 묻은 흙이 단단하게 굳어지는 것을 보고 그릇을 빚은 것이 최초의 발견이 아닐까. 혼자의 생각이다.

 아무튼 우리나라에서 도자기가 발전한 지역이 몇 곳 있는데, 경북 문경, 경남 진주, 경기 이천, 여주 등이 유명하다. 같은 한반도지만 그곳에서 나는 흙이 차이가 있어 빚어지는 그릇도 다르다고 한다. 나는 도자기에 대해 문외한이지만, 소금 사업을 준비하면서 틈나는 대로 도자기를 보고 다녔다. 귀한 소금을 어디에 담아 팔까 고민하다가 직접 도자기로 용기를 만들기로 했다. 그래서 찾은 곳이 도자기로 유명한 이천과 여주였다.

여주의 유명한 도자기 공방을 수십 차례 찾아 그릇을 고안하고 시범적으로 만들어 보기를 수차례 진행한 끝에 최근에야 마음에 드는 그릇을 제품으로 만들어 냈다. 가마에서 고운 빛깔의 '소금 단지'를 꺼내 보여 주는데, 아직 후끈후끈한 가마의 열기가, 장인의 세심한 손놀림과 정성이 그대로 느껴졌다.

도자기는 기계로 찍어 내지 못한다. 사람이 손에 흙을 묻혀 가며 빚어내야 한다. 같은 모양으로 일정하게 그릇을 빚어내기까지 얼마나 많은 노력과 시간이 들어갔을지 생각해 보면 스스로 감탄이 나온다.

2024년 후반기부터 수년간 준비한 소금이 이 도자기에 담겨 많은 사람들에게 전해질 것을 생각하니 벌써 가슴이 뿌듯하다. 모든 음식의 맛을 살리고, 인체의 건강에 필요한 소금이다. 어머니들이 귀한 손님을 맞이하기 위해 부엌 깊이 숨겨 놨던 도자기 그릇에 음식을 담아내듯, 많은 사람들의 정성이 들어간 소금을 귀한 그릇에 담아 세상에 내놓는다.

내 철학의 꽃씨, 주사와 칼

글_이미양희

한때 장래 희망을 생각하던 중 가슴이 원하는 삶이 무엇인가에 골몰한 적이 있다. 학창 시절에 책을 읽다 보면 이 세상을 움직이는 위대한 사람들이 가득해 보였고, 이 사람들보다 더 위대해질 수 있는 자신감이 없었다. 그러나 내가 잘할 수 있는 일이 무엇일까. 내 힘이 필요로 하는 곳, 내 가슴을 뛰게 하는 곳이 어디일까 생각하다가 간호학을 전공하게 되었다.

마음속으로 하얀 간호복을 입고 고통스러워하는 사람들에게 미소와 정성으로 편안함을 주어 환자들이 병고에서 벗어나는 데 힘이 되는 일을 한다면 보이지 않게 사회와 인류를 위해 공헌하는 게 되지 않겠는가 하는 생각에 진지하게 진로를 고민한 것이다.

그러나 역시 간호사가 되기 위해 공부하면서 두려운 것은 '주사'였다. 주사 맞는 걸 좋아하는 사람이 없다.

주사를 맞는다는 것은 병을 예방하거나 병을 낫게 하기 위한, 즉 고통을 미리 예방하거나 고통을 사라지게 하려는 것이라는 것을 알지만 아무리 좋은 의도일지라도 뾰족한 주사기 쇠바늘을 보는 순간 '아, 주사다!' 하며 반기는 마음으로 맞는 사람은 없다. 나 또한 예방 주사 맞을 때마다 어떻게 하면 이 순간을 피할 수 있을까, 아프지 않게 맞는 방법은 없을까, 이걸 맞지 않으면 안 되나 하는 생각이 많았다. 아이들이 줄 서서 주사를 맞는 거 보면서 내 차례가 오는 그 순간까지 아이들이 찡그리는 얼굴을 다 보게 된다. 마치 그 고통을 내가 다 겪는 듯 몸과 마음으로 긴장하지 않을 수 없다. 사실 따끔한 그 순간은 아주 짧건만 왜 그리도 주사는 보기만 해도 피하고 싶은지…. 그런데 그렇게 주사를 반갑게 여기지 않던 내가 주사를 다루어야 하는 사람이 되었던 것이다.

그래서 주사를 잘 다루어 사람들이 두려움 적게 주사를 맞을 수 있게 해야 한다는 강박관념에 간호사 준비를 하면서 가장 많이 연습한 것이 주사 놓기였다. 내가 연습을 많이 하면 할수록 환자들이 두려움 없이 주사를 맞을 수 있을 것이란 생각을 했기 때문이다. 다행히 그런 노력 덕분인지 내가 주사를 놓으면 아프지 않았다고 말해 주는 사람들이 많았다. 그 말이 마치 내 주사를 맞으면 다 낫는 것 같다고 하는 말처럼 들려 늘 흐뭇하고 보람을 갖곤 했다. 주사 놓는 게 간호 업무의 중심이랄 수는 없지만 사실 주사를 잘 놓는 간호사가 다른 업무도 잘하는 편이다.

간호사는 무엇보다 환자의 마음을 편안하게 해야 한다. 그러므로 주사를 맞을 때의 그 짧은 두려움도 잘 다스려 줄 수 있는 간호사가 다른 일도 잘하는 것이라 생각한다.

환자의 고통을 덜어 주는 약을 투여하는데 주사는 필수적 도구다. 날카로운 쇠바늘이 내 살갗을 찌를 때의 그 따끔함은 아주 극히 짧게 두려움을 주지만 그 주사기로 들어가는 약물이 곧 병을 이기고 새로 일어설 수 있게 하므로 긴 시간을 두고 보면 주사는 삶의 희망이 된다. 즉 주사는 두려움과 희망이 공존하는 존재라고 할 수 있다.

내가 13년 전 포항 북구보건소에서 퇴직하고 새롭게 인생을 디자인하고자 시작한 일이 요리다. 병원 일을 하면서도 건강 요리에 관심이 많았지만 특히 우연히 잭 캔필드와 마크 빅터 한센이 쓴 『영혼을 위한 닭고기 수프』라는 책을 읽은 후 사람들의 영혼까지 달래 줄 수 있는 음식을 만들고 싶다는 생각이 들었다.

미국에서는 닭고기 수프가 몸살 감기에 걸렸을 때 민간요법으로 먹는 음식이라고 한다. 할머니나 엄마가 끓여 주는 음식을 먹고 잠시 흐트러진 마음과 영혼까지도 생기를 되찾게 되는 게 동서양이 다르지 않은 것이다. 그만큼 지극한 정성이 담긴 음식이 사람의 몸과 마음을 다스려 주는데 중요한 민간요법용 약인 것이다.

요리를 취미로 즐기면서 음식점을 시작한 것도 내가 만든 음식을 먹은 사람이 몸뿐 아니라 마음의 건강까지 얻고 가면 좋겠다는 생각 때문이었다. 그래서 최대한 편안한 분위기에서 건강한 느낌이 드는 음식을 제공하고자 많은 연구를 시작하였던 것이다.

요리에서 가장 중요한 도구가 스테인리스강 칼이다.

칼 없이 음식을 만들 수 없기도 하지만 요리사는 좋은 칼을 제대로 잘 갖추고 있어야 전쟁 준비를 완료한 듯 든든함이 든다. 숨 쉬는 동안 공기의 고마움을 느끼지 못하는 것처럼 주방에서 항상 가까이, 그리고 가장 많이 사용하면서 칼의 기능과 유용성을 쉽게 잊을 수 있다.

하지만 새로운 요리를 구상하다 보면 칼이 음식을 어떻게 자르느냐 그 시작부터 맛이 새로 탄생된다는 것을 깨닫게 된다. 그 순간 칼을 대하는 생각이 달라진다. 칼은 그만큼 요리사에게 창의력과 열정을 일으키는 도구다. 요리 후 모든 뒷정리를 다 끝내고 칼을 다시 한 번 점검하고 깔끔하게 잘 보관하는 이유도 그 때문이다.

주방은 칼 외에도 아주 다양한 용도의 쇠들이 저마다의 역할을 하기 위해 준비된 곳이다. 프라이팬, 냄비, 솥, 반찬 냉장고, 간택기, 찜기 등과 같은 요리를 만들 기본 도구와 잘 차려진 음식을 먹기 위해서는 수저, 포크와 나이프 같은 것도 구비되어 있다. 요리사는 아주 최상의 요리를 만들기 위해 이 도구를 적절하게 잘 활용할 수 있어야 한다. 마치 멋진 교향악이 울려 퍼지게 할 오케스트라 지휘자처럼 말이다.

요리사가 되어 식당을 개업했을 때, 가장 먼저 생각한 것은 여기서 음식을 먹고 사람들이 다시 그 다음 시간을 살아갈 때 새로운 에너지를 충전하길 바라는 마음이 있었다. 단 한 끼의 식사가 되더라도 그 한 끼의 식사가 몸과 마음에 건강한 에너지를 주어 생활하면서 편안하게 활력을 갖길 바라는 마음이 있었다. 그래서 음식을 다듬고 칼로 자르는 순간부터 이 음식이 단순히 배를 채우는 게 아니라 지친 몸과 마음에 필요한 기운을 채우길 바라는 마음으로 요리를 시작한다.

이렇듯 내 인생에 있어서 주사와 스테인리스강 칼은 단순히 직업에 활용되는 도구가 아니다. 그 직업을 갖게 되었을 때 만난 도구이지만 가장 그 직업을 어떤 철학으로 디자인해 나갈 것인가를 생각하게 하는 모티브이기도 하다. 인생을 어떤 향기로 피워 낼 것인지 장차 피어날 꽃의 씨처럼….

요식업, 최고경영자 과정을 마치면서

글_이미양희

우리는 기존 패러다임에서 조금만 벗어나도 불안해한다. 특히 코로나19 사태로 인해 죽음에 대한 두려움이 주는 정신적 문제와 좁아진 사고의 틀, 행동반경의 제약, 경제적 고통을 겪으면서 사람이 고등 동물이고 만물의 영장이라는 자부심과 정체성이 무너지면서 더욱 불안감을 크게 느끼고 있다.

눈에 보이지도 않는 미물微物 하나도 이기지 못하고 그들에게 대책 없이 생生을 바쳐야 하는 숙주에 불과하다는 낙담과 자책이 우리 인류의 정신을 피폐화시키고 있다. 결국 불안증으로 인해 관념과 사고와 두려움의 틀을 깨지 못해 벽 밖의 세상은 늘 위태위태하다. 이런 시기에 그 어느 때보다 요식업에 종사하는 분들의 역할이 크다 할 수 있다.

음식은 예로부터 신체를 보호했고, 마음 건강까지 돌보는 역할을 했다. 시대가 변하고 발전할수록 음식과 그 음식을 다루는 요식업도

시대의 트렌드로 역할과 의미가 커지고 있다. 따라서 음식을 다루는 일이 결국은 사람들의 몸과 마음을 다루는 일이라는 사명감을 갖는 것이 반드시 필요하다는 생각이 들었다.

진부한 얘기지만 사람은 죽을 때까지 배워야 한다는 말이 있다. 이 말이 요즘은 어색하지 않을 만큼 하나의 사회 문화가 되었다. 100세 시대에 건강하게 그리고, 사회 변화에 적응하며 살아가기 위해서는 새로운 문화를 받아들이는 일에 게을리 해서는 안 되기 때문이다. 또한 요식업에 관심을 가지면서 공부를 더욱 생각한 것은 시대가 변할수록 정보를 받아들이고 연구하는 것이 필요하다는 생각이 들었기 때문이다. 처음 요식업계에 발을 들여놓을 때는 잘할 수 있을까 하는 걱정이 컸지만 새로운 일에 대한 기대감과 설렘이 있었다.

오랫동안 몸담았던 직장 생활을 그만두고 내 가족의 영양식을 널리 보급해 보겠다는 생각으로 과감하게 시작한 '이박사 냄비갈비'는 길로 비유하자면 고속도로와 같았다. 모든 것이 일사천리로 순조롭게 이루어졌다. 맛과 영양, 그리고 위생적이면서 편안한 분위기로 손님들을 맞이한다는 모토로 시작한 일이 많은 사람들에게 잘 전달되어 하루가 어떻게 지나가는 줄도 모르게 시간이 흘러갔다. 고되고 힘들기도 했지만 그저 앞으로 나아가기만 하면 될 것 같았다.

'이박사 냄비갈비'는 체인점으로 매콤한 맛의 칼칼한 국물과 돼지고기 뒷다리 부위의 담백함이 조화를 이루는 찌개가 주메뉴이다. 찌개의 소스는 본점에서 가져다가 사용했지만 한 가지 맛에만 길들여지지 않도록 신선한 재료로 새로 만들어 내는 밑반찬과 소스에 곁들여지는 손맛이 손님들의 마음을 잡는데 큰 역할을 했다. 언제나 그렇듯 나의 최고 지원자이자 후원자인 남편은 퇴근하고 가게로 달려와 식당의 소소한 일들을 발 벗고 나서서 해결해 주었다. 이렇듯 시원하게 뚫린 고속도로에서 처음 마음먹은 대로 성심을 다하여 나아가기만 하면 될 것 같았다. 하지만 몇 개월 지나면서 하나씩 나의 미숙함이 보이기 시작했다.

식당 운영을 조금씩 재편해 보기로 했다. 도로 운영의 원활함을 위해 자동차 전용도로를 만들어 이용하듯이 보다 나은 운영 방법을 연구해야 했다. 먼저 홀과 주방에서 일하는 직원들을 효율적으로 구성하는 것을 연구했다. 파트 타임으로 일하는 사람이 없어도 바쁜 시간에 업무가 원활하게 흘러갈 수 있도록 했다. 그리고 본점에서 가지고 오는 것만 사용하던 재료를 내가 직접 찾아 나서서 좀 더 신선하고 가격도 비싸지 않게 구입하였다.

이렇게 부족한 부분을 내 나름대로 채워 가면서 꾸려 나가다 보니 처음의 분주함과 산만하게 이루어지던 식당 운영이 조금씩 자리를 잡아갔다. 그러면서 다시 작은 목표가 생겼다. 시에서 주최하는 요리경연대회에 나가 우리 식당을 좀 더 알리고 싶고, 나아가서는 새로운 레시피로 전국대회에 나가서 입상도 하고 싶었다. 그래서 우리 식당의 주메뉴인 돼지 뒷다리 찌개를 좀 더 특색 있게 요리하는 레시피를 만들었다. 맛은 창의성이 필요하고, 현대인들의 입맛을 생각하고 연구해야 한다. 특히 스트레스를 잘 받는 현대인들은 점점 자극적인 음식을 좋아하는 편인데 그럴수록 영양과 깊은 맛을 느낄 수 있는 요리가 필요하다. 이런 노력들로 생각했던 목표들을 하나씩 이루어 가는 성취감과 아울러 운영의 내실을 다지는 계기도 되었고 모범 식당으로 선정되는 영광도 얻게 되었다.

시대가 변하면 모든 것이 변하기 마련이듯 식당도 많은 변화가 있고, 여전히 변신하고 있다. 이런 때에 '코로나19'라는 경험 못해 본 문제는 나 개인을 떠나서 전 세계를 잠시 정지 화면에 놓았고, 차츰 느린 화면으로 시대의 변화를 만들어 내고 있다. 몇몇 나라는 정상적으로 가는 듯 보이지만 다시 느린 화면으로 복귀하는 것 같다. 그만큼 어느 나라도 경험해 보지 못한 문제로 고심 중이라 할 수 있다. 하지만 그런 와중에도 빨리 돌리는 화면처럼 내가 따라갈 수 없을 정도의 빠른 변화가 모든 산업에서 일어나고 있다. 요식업계도 마찬가지다. 나도 피해갈 수 없는 상황이라서 매출은 예전과 비교할 수 없을 정도로 어려운 상태다. 그나마 지금까지 버틸 수 있었던 것은 월세의 부담이 없기 때문이다.

악조건에서도 변화는 계속 시도된다. 더욱 다각도로 메뉴도 연구하고, 나름 공부도 하고 있다. 물론 중간중간 노력에 비해 반응과 결과가 좋지 않아 자신감이 떨어진 적도 있다. 함께 일하시던 분들이 자의 반 타의 반으로 떠나고 시간제로 일하시는 분들과 어려움을 견디고 있는 동안 여러 고민이 있었다. 업종을 전환해야 하나 하는 심각한 고민까지 했었다. 그래도 아직 내가 운영하는 식당이 어느 정도 완성되지 않았다는 생각으로 새로운 계기를 만들고 싶어 남편과 의논하면서 방향을 찾고 있었다. 새로운 약을 찾기 위해서는 병을 알려야 하듯, 동종 업계 종사자 분들과 서로 얘기도 나눠 보고 의견 제시도 해봤지만 나의 보폭은 작아지기만 했다. 병목 현상처럼 꽉 막혀 오도 가도 못하는 답답한 상황에서 경북대학교 경영대학원 최고경영자 과정을 만난 것이다.

40대 후반 적지 않은 나이에 간호학과라는 전공과 무관한 식당 운영이라는 새로운 일에 뛰어들면서 좌충우돌했던 시간들이 주마등처럼 지나갔다. 강산도 변한다는 십 년의 시간과 함께한 이박사 냄비갈비 식당은 내 자신의 많은 것을 바꾸어 놓았다. 한 사람의 일원으로서의 역할만 하던 직장 생활과는 다르게 하나부터 열까지 내가 결정하고 움직이며 만들어 가는 자영업은 또 다른 나를 만들어 가는 시간인 것 같다.

어느덧 60세를 바라보는 나이가 되었지만 UN이 분류한 나이를 보면 나는 아직 청년이다. 넓고 빠른 고속도로를 달리다 보니 정체 구간에 있을 땐 더 답답함을 느끼게 된다. 이곳에서 벗어나 달리는 속도는 차이가 나더라도 좀 더 여유로운 자동차 전용도로를 찾아서 막힘없이 달리는 시간도 경험했다. 그러나 이제는 시대의 변화에 따라 전용도로도 정체가 되었고, 새로운 도로를 찾아야 하는데 전혀 그 출구를 찾지 못해 고민이 깊어지는 시간을 보내고 있었다.

그런 나에게 경북대학교 경영대학원 최고경영자 과정은 내게 좀 더 천천히 달리지만 전국 방방곡곡 갈 수 있는 수많은 지방 도로와 걸어서 갈 수 있는 오솔길, 골목길까지 생각하게 해주었다. 다양한 풍경이 펼쳐져 있는 지방 도로로 진입하려면 누군가 데려다 주는 것이 아니고 내 스스로 주변을 살피면서 운전을 해야 한다는 걸 잘 안다. 물론 오솔길, 골목길의 야생화도 살피면서 걸을 수 있어야 한다는 것도 안다. 운전할 수 있는 방법과 걸어갈 수 있는 방법을 배웠는데 그 정도의 수고도 없이 이루고자 하는 일을 포기한다는 것은 그간의 노력이 아깝지 않겠는가.

첫술에 배부를 수 없겠지만 서두르지 않고 나만의 방법과 열정으로 이박사 냄비갈비 식당을 완성할 것이다.

마지막으로 경북대학고 경영대학원 최고 과정을 추천해 주신 정교원 님께 감사드리고 열정을 가지고 강의에 임해 주신 모든 교수님께 다시 한 번 감사를 드립니다.

인생이
짙음을
보았다

발행 | 2024년 11월 11일
지은이 | 김동찬
펴낸이 | 김명덕
펴낸곳 | 한강출판사
홈페이지 | www.mhspace.co.kr
등록 | 1988년 1월 15일(제8-39호)
주소 | 서울특별시 종로구 인사동11길 16, 303호(관훈동)
전화 02-735-4257, 734-4283   팩스 02-739-4285

값 15,000원

ISBN 978-89-5794-574-2 03810

※저자와의 협약에 의해 인지는 생략합니다.
※잘못된 책은 바꾸어 드립니다.
※이 책의 저작권은 저자와 본 출판사에 있습니다.